林祖藻 主編

明清科考墨卷集

第二十六冊

卷七十六
卷七十七
卷七十八

蘭臺出版社

第二十六冊 卷七十六

柴也愚參也魯　二名　王廣佑

舉兩賢氣質之偏愚與魯各見焉夫柴也參也皆學以化其偏者也夫子指其為愚為魯非欲有以化之乎　且天資明敏之不多得也而不明不敏者其[illegible]固於一偏不明則偏於昧拘謹之懷也[illegible]不易人巧而彼獨拙也不敏則偏於鈍研窮之功百倍其功人勞而彼獨難也則欲矯其昧與鈍之失固重賴學之續夫人也下無咎諱質之限於天者入學之於人大矣吾黨有未學者質雖美而未盡其修吾黨有[illegible]學者愚愈甚乃以復其性而謂可以不學乎學莫大於行顧　可乎經常而行善通乎權變而行愈善當必

藉乎靈明之用矣哉　狷介自持而日用行習之間事事鄰於膠
固若是則為愚學莫甚於知識玩索及之而知明層累求之而知
然明是尤重乎穎悟矣　矣哉　困極斯道而朝夕參稽之下在
覺其遲迴若是則為魯　然有心於柴也不經寳境懔端方
之年不折不殺猶留仁厚之風醇矣然而柴之蔑惟愚者之柴之
病未始非愚帝之也天下惟長厚有餘者其知每多不足耳守
其志而不紛動靜固存夫詮恪　化渾厚倒進以精明
用其愚焉否也吾且有　參也倏身不違道本許於大
是務理可通於孝　然而求道之心參不敢以魯謝

草木生之　三句　　儲雄文

山之生物多為富而少為貴也。夫莫富于草木矣、莫貴于寶藏、而山皆有以生之如之何其測之哉。嘗觀天下之物本天者親上物地者親下則凡動植之倫靈奇之產狀之殷藏之間而已盡矣而大抵多出于山之中。山之為體巍然而峙而有出其上者有伏其間者夫喬茂育宜無關大造之經營然而廣大者所不遺也。山之為象脩然而藏而有凝其精者有發其光者含輝韞珍疑若聚乾坤之靈奕然而廣大若所自具也。蓋觀于上與石之交而見其生之已夥也草得乎土之氣則弱而下被木得乎石之精則騰而上聳故茂樹嘉卉必

[illegible]

妙、切、山、之、生、物

求于山以其為草木之所生也若乃霜雪加而生之意不為滅斧斤入而生之類益以繁則惟廣大者為不可窮而已矣觀于草與木之交而又息其居之已眾也禽擇木以棲則巢而不顛獸依草而穴則土而不窮斂羽毛蟲草必資于山以其為禽獸之所居也乃至然而飛而仍望山以為歸熊羆而走而仍從山以為穿則惟廣大者為不[illegible]越而已矣夫草木之便于用禽獸之給于鮮此皆有國之寶也然[illegible]服之來于異域狼雞之獲于殊方而窮非天下之寶也乃又有所[illegible]寶者山為之府藏之不知其幾山為之市與之自有其時凡本之[illegible]而然者非寶也若乃金埋于礦玉含于璞未曾有所發之候幾為[illegible]

而偶一發焉以應盛世之符則山之愛寶有倍于人世矣物之終于藏者非寶也若乃向虹輝而映地紫光起而燭天萬象晦冥之中光（賦心）景動人而海內傳之以滇扶輿之蘊則寶之在山已操券于人間矣（又從寶藏頓上二句而千寫六）用物為賤異物為貴譬諸草木不種而盈兩間動物反蠢靜物反靈擬諸禽獸無脛而走千里則山之生物之極致也歟然而制之山山不知也生之居之而已矣藏焉興焉而已矣氣從而測之

高邑挺骨臨川妙手合而有此君亦合而有此文 原評

網羅剔抉傾巖取璞使人見寶無不見山人謂針神錦機吾謂巧匠斷骨

草木暢茂禽獸繁殖

綠香山館集　來鴻縉

物有憑水患而起者、山經所由作也、蓋草木得水而暢茂、禽獸得草木而繁殖也、洪水之患起、而山經於是乎成、且山經一書東西水道之所由載也、而其察情狀以紀其所出者、莫詳於庶物、蓋其水所到之處、即為植物蔓延之處、亦即為動物憑附之處、而其怪怪奇奇、出出沒沒、為患於九萬四千三百五十七里而遙、而今讀其書、而猶覺歷歷如覩者、水之氾濫天下、斯時有因水以出者、惟草木、嶓冢多蓇蓉、招搖多祝餘、都廣多靈壽、白於多松柏、以及秀顚姑搖、黃花白實、陰傳雲雨、青葉赤枝、推之若草荔、若葶薺、其叢各辨矣、若扶桑、若柜格、厥種攸殊矣、彼夫

植櫓凮條草之似木者也雄當白苔木之似草者也豈必以文
堇可已聾帝屋可御兵患而遂謂草木之不足為笑哉況夫元圃
在昆侖之地鶉鳥司服而來椶柟植敦薨之區旄牛從羣而集
鳥獸之依草木者益以見草木之繁也異日者洞庭蘼蕪留
帝子之芳馨宜山女桑肇中天之蠶績草木亦有利於天下者
而當其時則惟莽莽之勢而已而此茈草近泐澤扶木近溫源
蕃草近江淵柘木近濱海分天下之餘水者更無論也吾得切
指之曰草木暢茂有因草木而出者惟禽獸東多絮鈎犹徐南
多鸓鵂鹿蜀西多螐渠舉父北多鵸鵌窫窳以及當扈䝐嬰勺赤
足白身天吳開明八尾九首推之為灌灌為羅羅聲音各判焉
曰狪狪曰辣辣形狀不同焉彼夫駅餘蚩鼠禽以獸名者也蠱

雖雍和獸以禽名者也豈得以卵民之國人皆卵毛民之國人盡毛而遂謂禽獸之不足為怪哉況乎五彩稱異於搖山芒桂兼傳種植羣兒鍾奇於漢水鉤端亦煥英華凡草木之庶鳥獸者益以見鳥獸之盛也異日者女牀鸞聲鳴盛賀普天之瑞王母豹尾來朝獻益地之圖禽獸亦有功於天下者而當其先則惟荒荒之俗而已而此萯山見夫諸玉山見胜遇犲山見夸父剡山見合窳主天下之大水者更無論也吾得明指之曰禽獸繁殖由是榛榛狉狉人憂艱食不能樹五穀者非特相柳九山已也於是疎斯之人面如雉諸犍之人首如豹且將與人羣處矣蓋禽獸偪人矣

悦周公仲尼之道

楊華集　吳時化

悦得其正道非荒遠無稽矣夫周公仲尼之道即堯舜相傳之道也悦之者有陳良視許行之託神農其相去幾何哉且千古道統之傳固堯舜以來遞傳之周公仲尼者也周公為相樹千百年治世之規仲尼為師立億萬世教人之法而且誦其詩讀其書細其車服禮器者靡不神遊目想中心悦而誠服焉特難為僻陋在夷者望也而孰知不然如陳良固楚產也其俗但自操南音而狃於遼遠則所聞所見素不親信義禮教之遺即令遥稽典冊顯示以周室金縢恐族類攸殊未必通德類情傾心而仰和恒之績其國欲主盟中夏而尚乎霸圖則與居與遊素莫聆性道文章之妙即

使逖聽風聲隱動以尼山木鐸恐結習難化未必振聾發聵翹首而瞻美富之堂是周公仲尼之道似非陳良所悅也而願悅之則何也彼蓋謂天經地義惟聖人為能灼其微故創制顯庸法度至周公而始備予小子生長荊邦亦惟是篳路藍縷之遺風耳雖鬻子為王者師莊王為羣侯長功烈所垂先君亦可資法守要不若周公之制作亙古常昭也念芳徽其來遠望古不勝遥集已繼往開來惟聖人為能肩其任故金聲玉振造詣至仲尼而集成予小子周旋南服亦不過陽春白雪之同調耳雖左史能通墳典射父能作訓辭海博所著先臣亦尚有典型要不若仲尼之刪述於今為烈也幸私淑之有人景行倍切遐思已夫周公以碩膚之佐成書訂官禮雎麟仲尼以天縱之資卒業於春秋易象道之如江河

行地日月經天者既為上國示宏規亦為邇陬昭隆軌屏而不悦斷斷愚自處也良悦周公是即後秀之儲矣良悦仲尼是即狂狷之選矣且周公先仲尼而起心源備載於經仲尼後周公而生靈既嘗通於夢道之在飭紀敦倫濟人利物者既為當時所儆法亦為後世所率循厥而不悦斯是暴棄自甘也良悦周公無慚元聖之功臣矣良悦仲尼無愧素王之高弟矣蓋周公仲尼之道得統於堯舜者也悦乎此則不為神農之言可知胡為而倍之乎

風神駘宕氣體清華

悅周公仲　士也　　觀海集　周　杰

專其心於聖道者、非畸邪之士可比也、夫周公仲尼之道、即堯
舜之道也良能悅而學之謂非豪傑哉且聖道之大古今共由
固盡人所當悅亦盡人所當學然非識超流俗則不能端其趨
向而入於邪更無從廣其見聞而囿於地悅既不真學則不正
卒且流為隱僻而誤於所從吾知其人固早已見絕於陳良者
也何則良雖楚產其識見素定常抗懷三代之英斷不為習俗
所移僻處於方隅以局其量其持守甚堅尤篤信聖人之教斷
不為淫辭所惑遷延於異說以易其操蓋良所悅者非神農之
言乃周公仲尼之道也良所學者非學於楚人乃北學於中國

也德教昌明中邦為國家絃户誦固耳熟之能詳淵源紹衍門户未分矩步繩趨幸師承之有自是特患其不學耳學之則與北方之學者豈猶分先後哉吾於是知良之見道為甚明也聖澤之昭宣難周僻壤無定識者易為習染所濡何良而竟知所從學乎溯治法於澗瀍道至今而未墜行微言於洙泗道歷久而常新人果志學既專則造以紹至道之真傳即近以闢當途之邪説出汙不染卓然自立防閑其學修正未易及耳世途波靡愈下愈濁能增美以釋回殆亦中流砥柱也吾於是知良之守道為甚篤也羣言之鼓惑各植黨徒無定力者每為異端所誘何良而能正其學術乎官禮雎麟有精意學以會其指歸春秋易象有遺文學以尋其緒論人果慕道既切則上以遵先王

之道法即下以正後學之歧趨經德不回毅然獨貞操守其學方〻自有得耳大〻道感人愈趨愈甚能黜邪以崇正殆亦高岡鳴鳳也彼所謂豪傑之士也噫前聖有君相師儒之責能明其道道故炳若日星後人有繼往開來之心能體其道道亦存於韋布子柰何倍師而並倍周公仲尼哉

第二十六冊　卷七十六

悅周公仲尼　中國　文組集　黃劭獻

深慕聖道者楚儒不以地限也夫道至周公仲尼而大備陳良所爲悅之深也觀其北學中國夫學之正有如此且天生聖人以開後學也天生賢人以守先道也無聖人以生於先斯鄙塞晦盲而賢人之學不著無賢人以生於後斯遐陬僻壤而聖人之道不闡惟名賢出斯聖教昌是吾道已南也而斯人之所學誠非偶矣陳良既產於楚夫楚在中國之南則其中心嚮慕悅而欣然求學者非南而何哉念自芊姓開基而後桃弧棘矢不與列上國之冠裳雖其先鬻熊爲文王師熊繹爲成王相而衡陽僻處亦僅傳僕區蚡冐之遺規况當時負扆觀風莫采南邦之陋俗又何望其心源直

契深求禮法於豐京旣自莊王雜霸以還雲夢瀟湘絕不聞中邦之教澤雖其後審機者曾先子夏察實者更命冉求而書社虛封卒莫洗猾夏僭王之弊政況當日杏壇講學曾無北面以傳經更奚望其志向獨專默溯淵源於泗水而孰知大有不然者賢哲挺生奚必嫌於僻陋但使道學接西周之盛則僻陋可轉而為中華也楚有賓而善人興足以增漢水方城之色賢能崛起詎至囿於荊蠻但使道學承東魯之傳則荊蠻可轉而為中夏也楚有材而真品出足以耀三湘七澤之光陳良之學不北則周孔之道不南矣而豈知其悅之深學之切遂以南產於楚而北遊中國哉聖治卜澗瀍之盛則為大人以相天下而其道尊蓋自中國有聖人斯堯舜之政可復行即神農之言可不作故悅周公者必不學為

荒唐者也陳良早殷然向道矣念自生長楚邦迥殊鎬洛與其安於僻陋難逃氛惡之名孰若處於中華親沐聖人之澤雖曰南風不競乎而探雎麟之精意睹官禮之成書寤寐時形夫何從拘之以其地聖學廣洙泗之傳則為大人以師天下而其道遠蓋自中國有聖人斯堯舜之言可復闡即神農之說可以刪故悅仲尼者必不學為虛誕者也陳良早皇然求道矣念自釣遊楚澤莫覩尼山與其處於荊蠻難免衆咻之至孰若來遊中夏得近聖人之居雖曰南風不錄乎而參易象之精微覽春秋之筆削衷懷戀慕天何從限之以其方陳良所學之不誤如此誠不愧豪傑之士矣子奈何倍其師而學許行乎

明清科考墨卷集

第二十六冊　卷七十六

悅周公仲尼之道　　馬世俊

稽楚士之所悅、其心與二聖俱傳矣、夫論道者至周孔而止、乃悅之者則陳良也、道豈以人殊哉。且自數遷術留而古聖之道且有竊其說以亂天下者。是故治統以堯舜為斷、而道統以周孔為斷、後世嚮慕之徒。庶可正其志而不惑爾。若陳良有足多焉、備其生于楚、閒于楚、可不避稽之曰楚產矣、而非也、造物不域地以生才。而命意既遠。自可無風氣山川之隔。君子雖居方以辨德。而擇術既正、要在有僻言全行之夏良之身、則在荊襄雲夢之間、良之心則齊岐豈泉繹之隧忽而動懷于周公焉、悅可知也、問何以悅周公、悅其道也。以宗子

而兼冢相者且不具論即其負扆受重譯之朝而不享其贊不臣其

注○机○緊○懸○旅○數○若○游○道○字

人道所以與覆載同量也彼使良生于周公之時亦當在不享不臣

入○味○良○咲○悅○字○舒○暢○字○筆○流

文○用○於○繁○蓮○一○篇○之○入○悅○宇○手○意○其○內○悅○字○之一

之列胡為虞江之永漢之廣而神合于繡裳赤舄之彩若曰公何往

伐○神○斜○日○從○遠○心○之○夜○往○人○不○占○北○幽○句

乎公來往也道蓋百王為範耳而豈獨遺我一人也豈意而合慕于

仲尼焉悅可知也問何以悅仲尼悅其道也以匹夫而師萬世者且

不具論即其筆削嚴猾夏之防而來聘書荊人會盟書楚子道所以

先尊攘為烈也彼使良生于仲尼之世亦當從來聘會盟之後胡為

繼微言之絕大義之乖而志適于章甫逢衣之範若曰聖人不作乎

周○吟○楚○產○而○乎○之○北○學

聖人可作也道蓋千古立際耳而豈獨屏我偉業也豈位置自高者

五

輒曰功何必不若周公德何必不若仲尼吾欲援道以絕之所不能

（注北輒悅字處）

强以意之所不樂也若良以淵乎若谷之懷而發景行仰止之願難

（對神農之言）

上古有神異之稱而必不移其悅矣翁訛相和者輒曰周公吾師之

弟子於仲尼吾師之弟子欲吾欲據道以正之而不能質以情之所

不親也若良以歡焉不足之念而生淵細道阻之嗟雖他途有紛立

（悅）

之機而必不惑其悅矣蓋人得如周公仲尼庶可止矣道得如周公

仲尼亦庶可止矣周公仲尼不足悅乃務勝于悅周公仲尼者悅神

農而不能勝于周公仲尼悅謹行且求為陳良不可得矣

周孔之道大矣泛然說簡悅字從何處說起作者豎眼樂座立論

卽淫齋懲意講道字乃是用褒變爽本旨無片語泛設其眼光蓋
直射陳相之不善變也精思發為壯采歛是奇傑之作　吳荊山
填寫周孔之道故是拙筆然前輩有照並耕繇出道字者不如此
作烟善變發端更為親切中二股尤有凌空飛動之勢　汪右衡
上根楚莊下照比學針對陳相寫他周孔乃無一字疏陳若但張
皇道字便似賦六合也

悅周公

豈不爾思室是遠而　黃叔琳

述所思而以遠釋自謂思之已深矣夫曰爾思若不啻見爾而告以
思者然而卒窮于遠也蓋詩人自道云爾想其意謂當世最相係懷
之處每不能盡慰所懷而生平不必想置之情究且終歸于若戀予
今者覩唐棣而有思矣唐棣翩何情悠悠我心見唐棣如見爾焉言
寫○爾○思○即○關○豈○室○遠○
念爾而爾之儀容若于我目而爾之矣語焉後于吾其也唐棣似
有情渺渺予懷見唐棣不見爾焉言念爾焉然一神相搖爾身以俱
往而爾之色笑不備我以以與本也稱其[illegible]日念爾者向亦謂
刻○從○室○遠○翻○從○思○字○
道路之阻長焉能以難我而今竟何如如生彼嘉于一方思者自思

而所思者轉不可即向亦謂山川之綿邈能以間我而今大何如也結戀情于千里思者愈思而所思者益深不可覿莫爾之室何爲若是之遠也甚哉其竟已遠也予乃覺予思之迂也惜哉其久已遠也（側○筏○室○遠○後○邊○悔○倫○思○針对本字）予轉悔予思之妄也予倘不知皇皇者無益于遠而憂而雜鳥之感其孰堪此况痒也予苟早知遠遠者莫慰吾思而輾轉反側之情何（又○挽○對○面○翻○來○）爲勞我縈懷也且夫我之爾思也一如爾之我思矣我無如爾之室何爾又能如我之室何即夫思之彼此俱窮之地我自傷也我亦轉（對○來○字○更○妙）而傷爾無緣而我之爾思也久矣必爾亦我思矣我思之而後知爾室之是困乎我思爾不思而豈能知吾思之已窮于爾室聊夫思豈

抑鬱難明之日我縱無解于爾也我固可自解于我矣我力竭矣長謝知已吾向者固嘗思爾而今已矣我情窮矣嘆語故人吾日者豈不爾思而今瘁矣蓋詩人自言如此

香墨活

極意說思説來却欲驚思明辨絕癡奇葩初胎殊于俗手之妖而無格也

豈不爾

黃

豈曰小補之哉

題解天下私則小公則大王道至公無私功業自然廣大難量題
疑總承上以贊其功用之大有無限景象流連之意

極言所補之難量非霸之可擬矣夫補而小乃霸者之補也以觀君子豈其然哉且王伯之生皆非于世無補也乃王之于伯終不可同日語者則以其所全誠大所及實遠也如君子之過化存神上下與天地同流此何如之治術哉盛世之規模本自無奇而觀化者只此王業所獨隆也其經綸之廣布有不在尋常意計之中者矣聖王之余亦球近人而考治者同是風動所由臻也其功用之數宣有畢慶量之私者矣豈曰小補之哉化理之淺深大者畢世而小

特區區之恩以歸太平之觀王者寧有是乎功施宇宙而如
正見其非小補
則固有業被養生而忘其所已然傳之後世聞風者尚遙集而思
歌是非千古爲昭者歟乃謂其匡扶有限也君子曰甚矣治量之遠
不趣向
近大者歷萬載而猶新小者不踰時而即徹市偶然之德以隕父老
村伯
之淨王者安有是乎蕩蕩乾坤之常續而人心自靜極參贊之弘猷而
聲乘俱工
黎民不驚流諸奕世考古者仍懷概而避思是非于今爲烈者欲使
識其稗益無多也君子曰甚矣是知伯者毋樂于乘便而王者無心
暗伯彩起
之區畫亦斷無苟且相安之意諮諮乎何廣以大也此固桓文以來
更字從伯利形而出
先以兵車繼以盟會經營數十年不能得之于泗上群侯者也豈易

謂獨享其成貿貿者真為止屋之烏哉設非其追而後起而謂父

奇縱

謂毋無故而加之逆人此妄人也則即謂其有他而譸張為幻之

縱處帶擒

情王亦無可以自喜況非其計無復之而舊君舊國無端而棄如

又借反面射亦運句

遺迹此亂民也則使謂其有他而荒忽無常之象王正宜鑒以自

防而究問我以何故伐即知民以何事迎夫固有所大不說於彼

纖明

而非其有所悅于此也何則水火之患深而趨避之情急也

豈有他哉言非燕民之悅也指的他字上下文落脉都通澈而

復捉合而復離亦多隨手之變

王漢階

豈惟民哉　一節　　汪份

賢者因同考異而聖之尤盛者見矣夫聖莫盛于孔子即物我以觀民之同異而孔子見焉有若其知聖哉且予今自言所願學之一人至推其盛為生民未有或疑自古昔出庶物者何遠反居其下乃豬之子貢則亦嘗云爾已而又觀聖門之以夫子書而欲其為說蓋疊屢歎由同考異而要其歸卒與予言相合焉吾師乎雖有他聖誠弗敢請也昔者有若之稱孔子曰尚世不知吾孔子即盡觀之羣聖備世之知羣聖人即盡觀之民豈惟民哉吾姑先博觀之走者飛者蹠者之各相為類而以物物固如此民亦宜然是故雖甚盛德士

滙大題藝中集

視斯民、羣萃而處不離自謂非其類也夫聖人之于民固若是班乎而獨不見夫均為飛走之類均為山水之類而有能超出其間而以盛特開者乎聖人之于民亦猶是耳雖然生民以來有之矣盛德之所同也而非其至也彼其能造極于一時也不亦盛乎夫豈或使異世更有加乎然而亦竟加焉也曰世有孔子矣彼其能作則于天下也不亦盛乎夫豈稍留餘地以俟之後乎然而不意留之也曰世有孔子矣向微孔子孰與集羣聖之成而使百世之君子相與由之而無弊向微孔子孰與明羣聖之道而使萬古之天下不至倀倀然

所謂萬古如長夜也

無之一若是乎孔子之能出乎聖人之類而拔其萃也而何盛如之乎

夫吾嘗稽古聖人行事而見彼之絕類離羣卓乎如此其至制其□
而驚之也如覩麟鳳然如登泰山而觀河海然蓋嶷嶷焉□□文□
（出類拔萃衣□論儒上出麟鳳山海）
光華竅其廣大不測而以爲至矣極矣蔑以加矣乃今入聞夫子之
道纔得喟然興歎而知向者所見殊缺而未盡偏而不全也夫孔子
（意孔貞于凡）
之于民亦類也然極于其盛雖自古聖人且不能與之同類而並稱
焉信乎生民以來一人而已有若之言如此可謂獨見知聖者矣

豈惟民哉至聖人之于民亦類也是第一層言聖與民相類出類
一句是第二層言羣聖人之盛末二句是第三層言孔子之盛三
層據說必須分明又須輕遞上二層歸重在第三層上文以第一

卷大題□□集　　□□民

卷大題畫出典　　　　　　　　〻〻拔批

老郎能節節清楚層層脫化運掉之妙真累先而不隊者

第一層既當輕點過去但題句甚繁若用正筆實寫深苦徑直妙

在起處只虛寫類也意而于後幅補點出来安頂首句最是難

處此文極其飛動通篇點題總無一平筆

豈惟民哉

浙江汪學院科考 章大來
山陰二名

夫執乎民之說者、智之所及廣矣、夫曰民則遺乎民之外者已多、有若之言、非智之所及者廣、故不拘於民之見耶。以爲令將上下千載而識之、不足見之不廣、徒拘拘於含生戴質之人以爲言、陋已。夫閱歷既久、乃始有曠觀之識、而折衷將定、必先破拘墟之見。從來之論人也、有以人之分言者、有以人之事言者、有以人之數言者、皆從乎人之說也。從乎人之說、則猶未離乎民之見也。今乃渺然以思、慨然昆乎窮空而起、以嘆恍然如有所見之也。曰嗟乎、是何必但言民哉。一如以爲惟民也、舉力忽橫觸萬山海聖人御在內、則吾且謂其小天地。夫太極既肇、兩儀遂分、二五之精、氤氳摩盪於

貢科考卷　凌雲

其中者固不惟民也此天地之所以為大也蒼々焉從而執之曰惟民是亦坐井而觀者耳夫寧知天地之性以民為貴天地之化不以民為竟乎知以為惟民也則吾且謂其隘古今々積元成運積運成（大此到自生民以來）會推遷之數盈虛消長於其間者固不惟民也此古今之所以為廣也緫々然從而限之曰惟民是亦知一歲事者耳夫寧知古今之苟（知業）以民而成古今之域不以民而止乎吾將舉凡有形有色之民引而近之而曰天地不以民為竟則近之反疑於遠而非也夫能知民之不惟民也而乃可以言民矣馳域外之觀者寧慮驚庸人之聽則謂（倒跌決意）惟民有形而民不受惟民有色而民不受也吾將舉夫為靈為蠢之

民引而重之而曰古今不以民而正則重之或隣於輕而非也夫誠知民之不惟民也而乃可以深論乎民矣渺忽慮以為言庶可彼窗同之說則謂惟民有靈而吾不信惟民有蠢而吾不信也嗟乎于茲渺焉中處耳仰觀俯察輙指民以為言將兩間亦朴陋而無色世運亦闇淡而無華矣吾乃渺然以思慨然以嘆恍然如有所見之也豈惟民哉

龍拏發議曰光炯然筆力馳騁上下如捕龍如搏虎豹信韓子之惟於文

第二十六冊　卷七十六

豈惟民哉　榜名衍宗

施三尊師取南　安縣童生三名　黃允肅　已□

即民以觀聖不徒就民而論也夫天下非惟有民也則欲觀聖於民而豈徒就民而論哉今夫意中殊甚慕之一人此其人必不可於凡民中求之也乃不可於凡民中求之而不離乎民以為言者亦不泥乎民以為言矣不觀有若之言聖乎（先出民字）彼以為天下之耦俱無倫者吾亦無從悉數焉而必責而及之於民即凡民之含生負性者吾亦未可概視也而皆可舉而指之曰民猶是天之所覆也而獨於其中命以為民則其靈蠢應有辨矣夫民亦非盡處於靈（根法兆子）也而耳目聰明已為上天之所不靳則爽其有靈之賚以擬之

社試草

之尤靈者宜惟々猶是心之所藏也而獨於其中別而為民則廿

惟○出○惟○民○

知覺應有殊矣夫民亦非盡能覺也而血氣心知已為造物之所

獨厚則擅其有覺之姿以擬夫覺之尤先者宜惟民夫使惟民為

然也則必元々而外別無蕃衍而後可乃何以曠觀宇宙之內其

生焉育焉者莫非形氣之所屬乎必沾々然求之於有情有識之

倫則其說反隘而不廣蓋寓形宇宙者在々可作民觀也而豈惟

點○出○豈○

惟○二○字○妙○絶○

民抑使惟民為然也則必蚩々而外別無生成而後可顧何以流

覽寰區之大其俯焉仰焉者莫非高厚之所鍾乎必忻々焉求之

於有物有則之族則其說反泥而鮮通蓋於體寰區者在々可從

民推也而豈惟民中古以上之民其於中古以下之民機智未開
材下高獻等項亞創推燧
或為飲血而茹毛或為巢居而穴處以視後之安居粒食各遂生
人之日用者不可同日語矣不知宮由止此一體所分雖使機智
尉丞私倣洽極禹闢
未開飲食教誨之事凡民不得不謝其權而五官百骸咸戴天命
之性以行則欲執古今異變之說以論民猶未離乎拘墟之見也
矣吾自之所習覩吾身之所常歷自民而外皆有悠然而可通者
古出我字以總
而豈徒執一民而論哉三代以下之民異於三代以上之民世教
出餘下鑿啓河洛見存卦幾之傳
日衰天無覺世之文而智者亦愚迷無寶道之彰而靈者亦蠢以
視前之龍符洛書所啟斯民之屯蒙者不可一律論矣不知古今

豈惟民哉　一節　　楊希魯

賢者同同考異而聖之尤盛者見矣夫聖莫盛於孔子即物類以觀民之同異而孔子見焉有若其知聖哉且予今自言所願學之一人至推其盛為生民未有或疑自古首出庶物者何邈反希其下乃稽之子貢則亦嘗云爾已而又觀聖門之似夫子者而微其為疑蓋毫豈爭由同考異而要其歸卒與予言相合焉吾師乎雖有他聖誠弗敢請也昔者有若之稱孔子曰備世不知吾孔子即盡觀之群聖備世不知群聖人耶盡觀之民豈惟民哉吾姑先備觀之走者飛者也者峙者之各相為類而又為物固如此民亦宜然是故雖甚盛德

此一段言服

視斯民之羣萃而處不必自謂非其類也夫聖人之于民固若是

乎而獨不見夫均為飛走之類均為山水之類而有能超出其閑者

出類二句正面反借麟鳳奇觀妙甚

以盛持聞者乎聖人之于民亦猶是耳雖然生民以來有之矣盛德

又轉盛字　折入本二句於後

之所同也而非其聖也彼其能建極于一時也不亦盛乎夫豈或使

焉艷

異世更有加乎然而亦竟加焉也曰世有孔子矣彼其能作則于天

下也不亦盛乎夫豈猶留餘地以俟之後乎然而不肯留之也曰世

有孔子矣向微孔子孰與集羣聖之成而使百世之君子相與由之

所謂駕古如長後

而無藝向微孔子也與明羣聖之道而使萬古之天下不至倀倀而

無以若是乎孔子之能出乎聖人之類而拔其萃也而何盛如之

豈惟民哉

熊衛聖

尊聖之至者意若不僅綜乎民焉夫論聖而綜夫民意亦淺矣而
以為未蓋尊之說也有若待於民引其端曰今欲明此事之所絕
而不及乎此事之所連則無所與合者亦將無所與分然欲明此
事之所絕而第及乎此事之所連則有所或泥者恐仍有所或遺（層〻卸到）
吾茲重有念於民焉當混闢之初而大奠位其中曠〻焉荒〻焉
無有與之相配者一自民之既生而遂有並立為三之勢則不可（頓住惟民）
易視者惟民乃絪緼之始一元資生其象狉〻焉榛〻焉無有足
以自殊者則雖民衆日闢不過一宅而寓之常而不容岐視者亦

惟民夫言民則可賅人中之數矣言民則並可窮人外之觀矣然
言民則雖可窮人外之觀矣言民則終囿乎人中之數矣民者至
賤之稱也然槩而以賤目之則又不可何者民最晴耳或於此而
董、寔華、宓
目之為凡焉或於此而擬之為畸焉目之為凡者民而擬之為畸
者亦未嘗非民是至賤而至貴者民也天下之至賤而至貴尚多
與民相肖乎則亦不待夫辭之悉而理已全明民者至愚之號也
然槩而以愚斥之則殊未安何者民最雜耳有墮之而夷於下焉
有亢之而躋於天焉夷之於下者民矣躋之於天者究何莫非民
是至愚而至神者民也而間之至愚而至神大抵皆民之比耳則

又奚俟乎說之終而義乃衆著言無取乎偏至苟中有獨尚而因
斐〇替〇濟〇下
拘於其墟不復游乎四際是偏至之言也所論惟民心所周者不
惟民而啟之必有其端條析而陳庶不違於祭川先河之例意必
貴乎無該即中有專注而更通于其畛為之取証夫三隅是兼該
豈〇惟〇三〇字〇收〇以
之旨也所論不惟民而心所重者惟民則發之當有其序遞推而
寔〇義〇發〇之
及差可免於數典忘祖之慾夫形無獨必有對此陰陽造化之理
無往不然何必生民沾沾為舉民以相況其為說也轉似得其半
海〇闊〇天〇空
乎人相凝於其倫而心知血氣之同依形而立不獨生民規規焉
祇以民為最切其為見也未免有所封耳彼麟鳳山海何者不可

與聖凡並觀哉。

偪仄復偪仄。解按下落想。英雄安在無用武地耶。只恨照筦不到。起一蔴一轉。使豈惟二字神理不全矣。作者眼孔絕大靈光四射。鈍根人當奉為益智之粽。郭曉昇

豈惟民　熊

豈愛身不若桐梓哉

歲入漳州府學二名 沈瞻

身也、而不及乎物、大賢為用愛者訴焉、夫愛桐梓、安得與愛身較、而有時若忘其為身也者、是必不若桐梓而後可、豈其然哉、今以天高地下、而我一身立乎其間、苟不識此身所由重、即不必有此身矣、夫此身即萬無足重、豈至與草木同腐、乃明明以至重之身（逆折扣題極緊）、并不與草木同視、而少為留意焉、抑獨何歟、桐梓知養、而身則否、是豈愛身者乎、愛身則必以積衆不能荷之業、任之此身、故上士立德、中士立功、孰甘妄自菲薄、貿貿然儕諸可輕可賤之倫、愛身則必以天地無所逃之事、責之此身、故窮則獨善、達則兼善、誰皆

安於萎愚厠諸自暴自棄之列則愛身豈有不若桐梓者哉雖[illegible]
才難雖容有桐梓不若之身而業以良材自命則厚自珍惜而非
（筆鋒甚）（文境展拓）
私故無論其有功天地有濟民物也就令此身究歸湮沒而我有
聰明才自錮之我有手足才自戕之相傾何太甚乎則於其所自
（不若二字深）
愛之餘進之以萬無是理之說豈得小大無分若此哉雖從細小
直亦有此質桐梓之身而既已堅木是攻則高自位置而何害於
無論其昔聖庇我後世仰我也就令此身終如槁木而亦有心思
（更精透）
本實先撥亦有官器疾用無枝相剝何無餘乎則於其若自愛之
會授之以萬不可解之辭豈得輕重倒置至此哉置其身於可有

射也夏曰校　　從新集　史鍾駿

義取於射校之制首屬於夏矣夫射似無與於教也而序之日
義在此則立校者不當首屬於夏耶且自弧矢之設以濟教化
之窮此舞干羽以格苗民所由懷夏王之文德也乃志存觀德
藉昭雅度於澤宮而道在興賢可考遺規於姒籙事同角藝而
義取程材則一念聲教所敷胡勿即文命之迹而首詳其制耶
由養教而進觀夫序果何所取乎當以明堂位一篇獨以序繫
之夏后氏意者序同乎養與粒食矣仍米廩之遺序同乎款
敘彝訓者可輔司徒之職乎而抑知教有取於射者謂射以征
不軌無關教訓之模似也而何以會啟塗山陳玉帛者必正防

風之戮知納斯人於執物容修揚觶直將偕執醬執爵並脩揖讓於鄉閭謂射以討不庭無與敬思之意似也而何以書成禹貢進方物者不廢丹砮之奇知導一世於和平禮重賓興直將以中矩中規共樂儀型於族黨明其為射夫圃即序賓以賢序賓以不侮之意而率天下以共修文教者也故序之意異乎庠而實同於校抑吾聞之射以校藝昔者落九日而誅鑿齒繳大風而戮猰貐即善射如后羿初何補於勳華而夏時之羿且盤游無度勿迪於教焉亦安可與勞來輔翼之文同年而語哉雖然志正體直義自見其相通而平地成天制必歸於庠始則校之所昉不可首徵之夏哉夏先王伐甘有誓用追威武於總師似於射為近者然教胄創其職文明初啟治化第域於方隅至

撤于南郊射典猶行之東序強與弱皆不可示之侯焉行儀女之典等適是矣至如賓興通諸射訓讀法而諸射官則夫古初之一發一定夫非本此道而陰用之也哉有謂前代之射近於修意後代之射降於尚功名非也蓋當大統久安朝廷諱言兵革于是有制數之具以之藏厥故府者矣然而以文弱者株之以武先王又不可謂皆甚策也古之時狀夫既備至而命巧文人亦釋翅而撫弧勇與儒等不可命之的焉脩輒武之烈萃于此矣至如寶弓之錫以厲列侯盧矢之傳欽諸策府則夫古盛之一名一物夫非本此道而數衍之也哉吁此吾遊里社而益悠然念古先王也平易中行以古落之致子其庶幾乎

○○射有似乎　一節

顧雲鴻

即射以明正己之心而君子之行素益見矣夫心一於反求君子之
所以正己者也於射不可想其似乎且吾於素位君子以為無入不
得正己無求者非無失也不自失也非無求也不外求也夫子言之
矣曰射有似乎君子失諸正鵠反求諸其身夫子蓋亦嘗泛覽於窮
通得喪之故參稽於上下天人之交而知得失之難齊也誰有能如
若○于○意○方○將○出○射○字○　先○透○求○似○
君子之素位覩求之難化也誰有能如君子之正己偶於射而恍然
想見其似也以為異哉射之所失非所求也吾觀其失〻諸正鵠耳
明乎其失之有歸也吾觀其求〻諸其身焉確乎其求之無他也當

此言正鵠上有尋丈之失

其引弓而發之分寸之差或誤以尋丈其失幾謬而不可為程而不

玩其字如此字分、打動君

能不以其失之尋丈者還而自程其分寸其含正鵠而專求之身如

于

此言正鵠上有毫髮之失

此一當其懸的而赴之百步之遠或誤以毫髮其失已細而不足為稽

前云合正鵠而專責之身此云併正

而不能不以其失之毫髮者求其可稽於百步其併正鵠而反責之

鵠而反責之身說射精甚

身如此是其反也反於責之無可辭者也夫世路亦何辭之不得而

此二展

君子引其責於吾身真若無可辭者非即此反之之心也耶是其求

亦足以射作主

也求於應之有可憑者也夫世路亦何憑之與有而君子考其應於

救住似君子與前

吾身真若有可憑者又非即此求之之心也耶蓋信乎其似君子也

相應

夫不知君子者曷亦觀之射乎

方是射似君子若他作乃君子似射耳蓋中庸引語以君子為主
若夫子初語則以射為主也　艾千子
起處先透出似君子意然後鈎清射字中股專就射說言外自與
君子映合後二股以射作主方轉出君子結處收清似君子便處
處與題句相背其說射處合正鵠而專求之身并正鵠而反責之
身二意甚精從射轉出君子便與題相背乃起處從君子轉出
射而仍與題背者以從似君子轉出也未以蓋信乎其似君子
也收住與起處相應惟其以射為主故可用此句後股云君子
引其責於吾身云〻非即此反之〻心耶言君子即此反之〻心

不幾說成君子似射乎。蓋此二股承中股說。股頭二句專指射者。然後從射者轉出君子。言射者用心如此。而君子之心即其心。則仍以射者作主。而與題肖矣。

躬行君子

夏慎疆

以實不以文聖人穆然於其人焉甚矣行之難也躬行君子五俊

（截淡木宜）

文人也哉且從來賢聖之身未有不法天行之健者也天未嘗有

（真逸本原）

言以示人而周流于天體之內者靡有一之或墟則人所為克肖

（切題有理真氣空之妙）

乎天而列成德之林者其于身亦可知已矣文莫吾猶人吾豈必

（接之銜宗到重）

輕視文哉亦以人自有身天之命吾身者甚重則所以責成於身

（從准易緩急疑落下）

之內者固不得以矢口之數陳畢乃事也又豈必輕視人哉亦以

人各有身天之畀於身者非虛則所以內閒于身之理者自不容

（陋闇）

以反身之無實竟其修也由是以思不有躬行君子其人耶有是

先將躬字拆開發入當行身理 此以事兼言之

躬即有為是躬當盡之理此固自有生而具之者也顧自有生而

然復賊躬行字

具之未必不因形氣而然亦之則行之者難矣若乃於降衷之所

行字精然

同得者亶勉以赴其程外無所餘旁無所護日章〻以求此躬之

依作饑眾題

無缺則所謂敏行之君子者非其人與有是躬即有為是躬當為

此以當代言之

之事此固隨所遇而見之者也顧隨所遇而見之未必不因處暫

而遽怨之則行之者又難矣若乃于日用之所宜教者淬厲以堅

其力不為物遷不為勢阻日亶〻以措此躬于咸善則所謂躬〻

之君子者斯其人與若是者五禮六樂皆其履蹈之中和〻〻物

八刑皆其性情之効懲也迨至躬行所著可以勒之金〻〻垂

詠斯亦極文人之致越矣而君子總勿問也是其神明[illegible]處[illegible]情
詢足動人之流連而向往也已兩暘寒燠皆其五事之所自宣也
父子君臣皆其五性之所兼篤也迨至躬行所示允足垂為記也
樹之風聲斯亦倫文士之儀型矣而君子猶勿計也是其教差不
意之椽真有深人之感歎而欲絕也已吾未有得以較可循人之
文、難乎易乎則又安可優游而任之也乎、
如次崖則為躬行之君子如晚邨則為躬行君子之道然玩謝
氏道三朱子道四之解為未之有得言指夫子之謙非謂躬行
君子之道更以君子作道字解也蓋文字即是言字行即行其

言虛齋謂文者如說仁說義說得有次序有條理便是別文即道何必又添道字況夫子此節欲人審言行之難易緩急語意本相呼應惟謂躬行之君子則與文字呼應若另謂躬行君子之道則與文字不相顧矣晚村大儒言固當並存然亦不得盡泥四字圍是渾成然依樣一𩋙若难咀出滋味文特將躬行二字拆開以許多道理皆先裝在躬字內然後合到行合到躬行君子便自天空海濶可以掉臂自如觀嘉魚天下之純道之矣句文特無道二字拆開以展題氣其法亦猶是也　王

鬼神之為德　矣乎　　王鏊

論造化自然之能、為天下莫加之理、夫陰陽造化、有自然而然者所謂鬼神也、斯其為德之盛、天下莫能加乎、中庸引夫子之言若曰、天（鬼神精切）下無一物而非道、則亦無一物而非鬼神、發造化之秘而呈見於天地之間、任自然之能、而變通於宇宙之內、以二氣言之、則陰之靈者為鬼、陽之靈者為神、分陰分陽、各得其所、而對待之不二也、以一氣言之、則至而伸者為神、返而歸者為鬼、一動一靜、互為其根、而流行（微之題識）之不已也、若鬼者其為德豈淺淺哉、吾知理妙乎氣、其囍之密而不（可擬已耶然矣）可窺、而其發揚之迹、至於不可禦、器藏乎道、其體之微而不可測、而其功用之廣、至於不可窮、天地由是以覆載、品類由是以番育、而於

古文精選　中庸

陽闔闢之機無在而無乎不在所謂含弘光大者於斯為極矣一可

德之盛與四海由是以廣大萬世由是以悠久而屈伸往來之變如

為而無乎不為所謂日新富有者蔑以加此矣寧非盛德之至歟

鬼神之所在道之所在也以鬼神為德之盛如此則道之費隱從（鬼神微而盛故是費隱有見題）

知矣

鬼神非理非氣而在理氣之間在人則心之神明是已經張所

天地造化陰陽二氣者是這箇本文所謂祭祀如在者亦只是

箇體於人心為人心之鬼神亦即是這箇認得真便看得活從

請鬼神二字不錯作一句而全章之義已了當雖此篇

殷人七十

貫珠集　王熙元

稽制産於殷數已較夏而增焉蓋殷人踵夏而起而民之恒産厥惟七十不已較增於夏乎嘗讀武成一篇其詞有曰反商政政由舊一似觀政於商可無俟遠徵諸當時乃不謂稽授産之制已有為商政所獨者蓋制産則同而所授之數較諸則壤成賦時已覺其漸增爾夏后之用貢也田惟五十此其良法美意殆為後來制産所莫能易者乎乃吾進而觀殷之詩居商頌之終而幅員既長必推本於山川之奠則情殷贊服即任土之法制當亦遵夏造而處因禮紀殷王之制而農田有等早已剏夫食人之差則政取更新知區田之規模固早視安都而倍廣則

見其制產也有視夫洚洞之世而稍可變通者故較諸夏后若
不妨益寡以為多其制產也有方之艱食之朝而不妨加益者
故例以五十亦惟是三分而增一焉稽其制蓋七十云且夫殷
之制產何為而必七十也或謂殷自舍穡興師創業不免眾言
之怨故增其產以結其心而後世因之則是七十為媚下之資
也而殷人無是心也或謂殷自徙囂圮耿幾甸恆多河水之災
故厚其產以賙其困而下國因之則是七十為卹民之意也而
殷人不盡然也或又為因時之說者謂夏之民拙至殷而農器
漸備即觀諸上梓而可知故授以七十亦可不勞而治也而未
盡殷人制產之深心或又為從俗之說者謂夏之民樸至殷而
服御漸華即救以尚質而不足故增為七十俾之有所取資也

而猶未得殷人制產之實意蓋殷自祇敬式圍而後弁疆日見其恢宏則地益而授產亦益因時立制殷先王之所以建中也正不必泥視七十而疑為殷尺之短抑殷自豐穰屢降以來闢墾久彌其閑隙則畝增而授產亦增宅里畫區殷先王之所以表正也更不得誤解七十而指為殷稅之加是則厚生攸賴儼符伯國之提封而計戶授田可徵定則經野有規適等亳都之里數而生財出穀更裕良模其取於民者則謂之助焉而周制可進驗矣

卷軸富有波瀾老成

明清科考墨卷集

第二十六冊　卷七十六

殷人七十　於助　　玉[illegible]集　黃劭獻

遞論助法之制、幷引助法之善焉、夫助之畝七十、殷與夏及周皆什一也、孟子欲滕行助法、能不舉龍子善助以為證哉、且殷自四方正域。雖數土緣於夏禹。而分疆不沿古制。盡幷獨創良謨。自來制產之旅。莫善於此矣。顧溯遺規於亳邑。但借民力以相耕。而緬美法於商家。堪仰賢流之相羨。子氏之制。其與姒及姬無異也。而因時立法。則以君不遺民。民不後君。其制為獨隆焉。臣欲君行助法之善。而先言夏后之貢。想其時九州既同。故使民勤夫耕作。三壤既則。而令民盡夫徹輸。故五十而以五畝貢之。禹蓋以為治地莫善者矣。然遞觀於殷。則以七十而名助焉九重之體統甚尊斷不能以粒食惟殷降而就賦賆之列而殷之助則極善焉元辰載耒萬民皆有代理之勤故七十畝如坻如京而殷廩什一之蓋藏遂與夏周而不殊其徵一人之規模甚肅勢不可以倉箱欲富下而儕變作之班而殷之助則甚善焉小卯出耕四國盡切代勞之念故七十畝實堅實好而殷倉什一之積緊實與夏周而不易其規七十而助殷之治地誠盡善矣今夫助之云者君不能與民並耕而食故先十畝之地藉民力以為之其治地稍變夏貢五畝之入以為稅又繼周之百畝鄉遂用貢都鄙用助所謂合作均收之徹不無少異而其實皆什而取一也君而有志復古也三代之中不無至善存焉臣所為歷徵之下而欲君行其善者不得不引龍子善助之言

以為諮矣。昔先王設制土田。欲斯世免乎凶荒。故莫不本精心
而默運。龍子何獨以助為莫善也。想夫殷土芒芒。七十畝之燥
濕高卑。其策畫周籍於君。其耕作實資乎民也。斯言也。龍子實
統監於夏殷周。而特於助而深味言之。願君即所為莫善者。默
為領會已矣。古聖人書畫分疆宇。欲以人慶乎穎栗。故無非本實
意以潛孚。龍子奚祇以助為莫善也。念乎商邑翼翼。七十畝之
耕耘收斂。其兆民咸賴有天子。即大君亦藉有編氓也。斯言也。
龍子實細核於夏殷周。而故於助而親切言之。願君即所謂莫
善者。深為則效已矣。助法之善。殷蓋藉八家而助耕公田。夫誠
非較歲為常之貢所可同。亦非周之徹所可及也。請君行之。

殷人七十　而徹

羊城課一名　羅應坤

繼夏而稽田制數異而名殊矣夫七十百畝數之異乎夏也若助若徹名之異乎夏也殷周取民之制不可由夏而進稽乎且自九土平而利興乃粒三壤則而賦定中邦說者謂夏后成法攸垂毋煩後王之損益矣詎知授之民者田仍其舊而取之民者制創其新芒芒殷土經畫詳焉膴膴周原規模煥焉數或增而或倍名不襲而不沿迄今遡湖兩朝其隆規猶宛然在目也五十而貢夏制然矣請進論乎殷周商書不詳征歛之文而畫野分疆要自得其精意纘舊服者版圖可按煥新猷者策畫彌周正域在四方知不徒守賦貢成書遂與皇基於億載周室已

奈提封之籍而量地制邑要自有其良謨監二代者法取其詳誠萬民者制從其便永清在四海知不僅援輸將舊例遂紓物力於寰區乃觀殷人幅幀方頌既長稼穡惟期匪懈則易五十而七十焉非故加也授田務必度地殷際成平之後斥鹵已變為膏腴謀國務在足民殷政忠樸之風衣食難仍儉約爰名以助而民分七族其戴君恩君處九重不忘民力斯鞠人謀人之基立焉矣越稽周人孔惇方歌土宇允荒猶儆幽居則易七十而百畝焉非故益也地浮於人則有餘周則生齒日繁野重游民之罰人浮於地則不足周則汙萊盡闢地無曠土之荒爰名以徹而合作東皋同我婦子均收南畝媚我君王斯于疆于理之謀準此矣然則殷周之數異於夏者時為之也萬物之必思

材力皆有日趨於盛之機殷非七十何以顯庸創制一興已開
制作之先聲周非百畝何以踵事增華一冕已見光華之煥發
因乎時而遞加其數兩聖人聿著宏謨焉以視夏承茅茨之遺
其豐約自難等量也彼共球於商頌緬王會於周官不可想與
時推行之妙哉然則殷周之名異於夏者勢為之也一人之養
尊處優漸有日即於驕之慮七十而名以助俾知閭閻供億朝
廷亦當憫其勤勞百畝而名以徹俾知草野捐輸黼座不容肆
其殘刻審乎勢而各易其名兩聖人自有遠慮焉以視夏訂總
程之納其文質未可齊觀也豫助通乎夏諺徹田微於公劉不
可見與勢變通之意哉

殷人以栢

福建汪學院科覆化 府學一等十一名 柯俊彥 公弼

再稽殷社、亦可樹則樹而已、夫栢與松類也、而殷人樹以此者、亦云可樹則樹之耳、若曰、臣意中有極不忘于立社之所樹者、而再（覷下意說入）遡前朝、則似皆可渾忘也、蓋在今日勝國不受天陽、亳都固無殊蒲坂、而在當日喬木以蔭冢土、荊貢亦何異青州、再遡所樹、惟土所宜、總無深意于其間也、公問社、臣既以夏后之松對、已繼夏者殷也、夏造而殷因之、禮制之貽垂、殷不能改乎夏、而至湯后土所庇蔭、詎必為之改觀、夏所傳者殷也、夏制而殷受之、法度之流傳、殷不能辭乎夏、而至若宜木所[illegible]、[illegible]寧必變乎前代、乃必樹以栢

者何居讀徂徠新甫之篇栢與松而並稱殷何必不以松乎不知
栢與松總屬嘉卉之稱緬彼殷人沃衍之所滋培者惟栢而露之
所沾濡者惟栢均玆神地之道而可樹則樹夫豈斬以新甫之所
産而不為勤樹歟誦松栢丸丸之章松偕栢而並茂殷何以必以
栢乎不知栢與松咸稱喬聳之木遐想殷人天地之生成亦若惟
栢必使之向榮人力之灌溉亦若惟栢必令其挺生同此北牖陰
明而樹所宜樹夫豈岐視夫丸丸之鯱秀而無取于栢歟是故用
襯貼典切
玄之易以用白也尚忠之易以尚質也則樹松何必不易之樹栢
乎裒嘉植于檀塲堅緻蔚蒼殷人直以栢新天
之耳月建子之

不仍乎建寅也章甫之不仍乎毋追也則樹栢何必仍之樹松乎

標良材于后土後凋挺立殷人即以栢立一代之章程獨是臣心〔二比〕

〔覷下〕有相為渾忘者習知殷社之栢無殊夏社之松惟是稱述古昔竊

附博雅之通儒臣心蚤有極不忘者因觸栢樹于殷不殊松樹于

夏不妨再為稱道以動吾心之隱念蓋自樹栗以警民周之所樹

自與夏殷不侔矣

借夏定殷借松定栢典雅樸茂　叔兼錫

窣我主意自是重在周樹故夏殷不為觧義起末覷下胆識絶

橫弟奕著

殷曰序

紅葯館　顧遜之

序之制始於殷殷制較夏爲更詳焉蓋序雖有取於射而其名則實自殷定之較之夏之校其法不更密乎且自戴籥揚秉鉞之威而聲靈丕振論者謂殷之取天下以武守天下不得不以文者非也古聖王戢天下之武仍不使天下盡廢夫武而天下之武備終儆修天下之文仍不使天下相狃於文而天下之文教乃不所由寓武功於文治而於此耦閒悟其微也校之名既始於夏矣然則序更何自始哉試進徵諸有殷商先王纘禹惟舊故殷因實資夏造宜上沿安邑之傳不知有莘躬佐太平豈其大難削除不別定興朝之制作知樹宫有典更得於挽強命中

戰士庶之亢戾而使之平商先王革夏有稱斯湯誓不等禹謨
早夫啟亳都之制所以鳩方得諸物色爾時規模未定不盡拘
選造之科條知取士無方更得於審固持弓導一代之兵刑而
使之嫺獨是序之設固不專屬殷考諸禮夏后氏養國老於東
序養庶老於西序是夏已有序然猶非鄉學也鄉學或設於州
或設於遂而鄉射禮曰豫則鉤楹內豫即序也則凡設之地皆
為序而原諸殷人立學之始特重其稱若必取諸序賓以賢序
賓不侮者抑又何也蓋人心值大亂之後恒憂其太競貴有以
優游漸漬而化其強士氣值底定之初恒狃於久安貴有以鼓
舞激揚而防其弱殷之教備慄風愆第有位特儆官方何以造
就有方多士獨不藏鞭朴之罰要其駿厲嚴肅之氣約束早有

以堅士類之心懍懍乎益各守爾典焉所以王制言殷事一則曰移鄉再則曰移遂知習射上功之日董勸正不假刑威觀於盤庚徵民初未聞別創鴻名更定中興之制意其監於祖制可知也六百祀之作育孔長也而何妨節次雍容有以寓秉取之微意哉殷之教實始覩遂第敬敷特在寬何以序則有經臣直轉別見教敕之說要之聲色貨利之泯詰誡更有以明恒性之綏統競乎蓋者括於度焉所以商書紀王業一則曰劃正再則曰表正知萬方疑告以還還肇修且尚於中飭觀於甘盤就學初不妨降居畎畝別求顧問之資竟其得諸鄉遂可知也十七王之化導多方也而何妨禮樂溫文有以別秀頑之異類哉

殺雞

乾隆壬午 江筠

以特殺聞物雖微而足誌矣夫一雞亦甚微耳傾因止宿而有殺也是不可誌乎且以物情之畏殺也雖在弱羽亦且自悼其犧矣顧不殺之戒要惟于無故為然當有客至止之時自不得以好生之說參之者丈人之止子路宿也特傳其殺雞云畜之五世王政久已無聞而物自蕃滋猶得于桑麻之陰育茲雌伏膳必曰雙田家豈能上擬而鮮虞不給亦既于伏臘之會閑代然燕則其殺也雖偶事亦常事乎顧茲所為殺者之因乎止宿也鳥經既宿不為弋射之加推此義於家禽取用亦當有候也際茲夕陽西匿人

思入處即物亦知還想當鼎客升階此旭日所散者亦既羣棲于塒桀操刀以剸其為與時消息乎尚令入閘久之而取血啟毛或（借詰人不能）竊以聞之尊客當轉重以不安也卵猶待伏難為時夜之求寄斯（選）意乎翰音審聽固不愆期也際茲野鑪孤處旦無與戒并柝亦不相聞庶幾一鳴驚人而空堂靜臥者藉以聞聲而風簷芒刃忽及得毋不能晨夜乎則使牲毋用牝而體解骨折備在其一之能鳴（好對）抑與重違所願也然而丈人則何暇計此也既不為家人所厭而縛將向市則應得免于遭烹顧畜之仍以需之耳當籠畔之相邀（入情之談他人有其意無其筆）早自計肴客無肴將帳如何于良夜而恃以無慮者誠為此庾廋

之炊猶得歸而謀之也蓋游者夕調乎無嫌倏忽矣亦嘗因客至叩門而爭關方喧不免重加之驅斥頻驅之寔不資之耳茲一鷄之逺具猶自歎蓬門市遠莫營兼味于盤餐而倘曰含旃焉豈其驢將之濡得有物鷄更之也勤力者甚欲乎不俟躊躇矣豈無欲留以視勝而丈人不自計其供豈無謂歟可分羹而丈人不少私其割物難並爲小鮮禮隨降失時殺更概之于爲黍而所以食子路者不盡敬乎

物定留宿止客雲想霞思豈似剪綵圖繢都無生色　黄正衡

題甚纖小却寫得出隱者風味自是解人　吳與參

殺雞

范　榕

物可以佐食胥舉之以觀留賢者焉夫雞者丈人所以自奉也于焉殺之夫豈無故而輕殺乎嘗謂田家者流歲時伏臘烹羊炰羔夫亦以作苦之餘聊假此以自勞焉耳至於養老之制首及雞豚意若曰盤餐之奉於斯不時之需亦于斯焉則不速之客來亦情之不能已者矣試于止宿之後以觀丈人值牛羊下來之候而天涯蓬旅集我衡門萍水之相逢也何以慰中心之好當我馬既瘏之時而寂寞荒墟于時落處縶維之是咏也何以申地主之情矣不有雞在乎朝既為朝既昌宮闈觸此而驚心也茲則晦明風雨

卜○乞○語○様○絡○十○丈○
寄祇向村落之最人不求世用物亦若不求世用矣弋諸鳧
弋諸雁士女因之而戒旦也然則冠距鳴將觀乃者常飽中田之
粒人自食其力物亦若自食其力矣論犬豕不豐殺之義是雞也
淡○豈○裝○四
固錄其棲禁而棲塒論禮賢無敢慢之情是雞也亦何妨或烹而
維○切
或豢之又人于此從而殺之山林之志已寥久不起中宵之舞況高
賢度止又何吝此區區耶勿假牛刀已佐中廚之割無寥斷尾雞
髀小鮮之烹我庭縱乏懸貆也而頤此山殽覺況味亦彌旨也是
戮鎩之謀已絶案屑爲入廚之胾然客來前舍此曷伸款款耶
穫○忍○鳥○啄○羨○味○雛○者○可○歲
黍無長物不煩時夜之呼勉諗遽發伏雌之賦溪毛尚足登

雞也而供其刀匕豈僅物亦更豐焉已執麛執雉古人每藉物以
相通然草野不尚繁文殺雞者固非其類居水居山前賢即所產
以明禮若獻酬素無交接殺雞者亦非其倫是豈謂暮年利養聊
適口于目前抑雞子堪憐且分甘於膝下哉殺雞矣又爲黍焉丈
人蓋深重我子路矣

胸次高曠點染不墮惡趣如讀陶靖節手劄

殺雞　范

論語

用意之斂代字訣須出仙手多開卻

殺雞游戲題　　俞文源

楚士有特殺備味之殊禮也。夫味不備則禮不隆，即游戲豈能廢此。故文人有特殺之事，今夫禮之于賓客，未有不以備物致未為敬者也。方外之士動謂是拘拘者，無當于禮意之真，蓋特殺之典有其廢之莫或舉也。其相率以為任天之高致，抑已久矣。何夫人于止宿之久，獨有啟然不能自已者？其意曰：瓜壺苴荼，田家之至味，何雞黍供所可念者？有客言歡，徒條圃畦之底，素風雖朴，或者太簡而不可為也。果蔬羸蛤，楚俗之嘉肴，何雞黍具所可念者？空山市遠，輒窮水陸之珍，禮數雖隆，或者太奢而不可訓也。乃今人影散亂之餘，不有樓

（茅容之雞如是如是）（朱謝甘苦合情）（聚蔡市遠無兼）

股法斷
而不斷
且可作
一氣讀

之于時者乎而用以充庖不甚便乎抑且牛羊下來之際不有伏之

于憐者乎而取以佐饌寧過倏乎雖應覓雁冥飛喈喈之清籟自此

蓼落將無所警而視明星之有爛或有惰其四肢而不復勤者雖虞

借○意○開○合○不○音○合○妙○

風雨中夜膠膠之餘音縱發參寂將無所聞而致裳衣之顛倒容有

賤其五穀而不欲分者矣然予思若人者歷關津之訊訊則候館餼饔

豈能常給彼行行之氣象縱亦須盼自維窮應憔悴風塵未必不甘

机○餘○自○雄○

脆之久需也夫何吝于一臠之味使知在途之不若在廬耶又思若

人之所謂夫子者隔雲山之蒼蒼則路室脯資奚能夙夜彼栖栖也

危○只○妙○

嗜好縱亦淡泊自甘窮愁道塗飢渴來必不內味之難忘也夫何愛

予修滌之勤，使知征旅之不若在周此一令，亦念無故不殺，天子尚有太牢之禁，維茲餼首之細畜，膳宰亦列八珍，吾儕小人何敢踰禮而（剴剛儒雅奇絜爲隱者論意）遂暴殄之明訓，而亦謂以永令久庶人，豈無乾豆之需，維茲嫗伏之羣生，王制已貲五畝，天涯刻已無哉，慢禁而申卜夜之深情，于是乎大人乃以殺雞作開。

無中生有，非讀書人不能有此雅飭。張端岑

澤以卷帙，理處能雅，枯處皆腴。

殺雞　俞

大小題商　下論語　百五

殺雞

江蘇開宗師歲入
松江府學三名　姚宏森

以畜産娛賓情有特厚已夫雞乃田家之所畜也殺之以娛子路丈人之情抑何厚歟慨自世風之不古也所爲毋雞毋彘之政已無有復存者矣然珍奇之味原非草埜攸宜而小鮮之烹或亦農家固廢則暮夜客來而司晨絕唱其慇勤繾綣之情正可于此而先見也如丈人之止子路宿也斯時也短笛長歌驅犢之牧童已返煙鎖山紫持竿之漁父將歸縶之維之何敢褻高賢之駕今朝今夕奚以抒野老之誠將謂燕樂嘉賓不豈不足以示歉是[illegible]山有珍而海有錯斯足表洗腆[illegible][illegible]抑謂賓及朋友過儉不可以

○鷄鵲是必在有鵲而左有鶴鶖翔鸞香于鼎鼐不知庖鼎避俯之姚必以無驚驚膾鮮啟汾征人悲反火□家之□矣寡而長途憔憫之餘猶以沼水漾草卵菰淡泊恐亦非愛客之深情、不見夫雞喔者飲啄而自如乎苟新發于硎若幸不時之有待不聞夫喈喈首乎朋而不絕乎議善刀而割雞雖金距之堪誇爰有雞在塒勿殺諸、屬德已衰矣一雞于何有乎縱引吭以鳴寧曰縛雞無力雅、嗷于野矣一雞而寔賁乎維奏刀而治自爾游刃有餘向也出而偕入而息恆鶴雞鳴以戒旦今也取于塒取于豬寧困斷屠而偃此豈以雞冠之客故進也乃知乎然主人清重豈有容心抑亦氣

之常儀然則子路於此殆見雞殺之矣矣乎將感隱除殺之苑苑乎寓
傷風德之衰而畢栖不惶乎將動周容之情而行道遲遲乎寄懷焉
而作而興如偕隱乎將報答以思而食不下咽乎君子曰丈人之荷
子路有禮矣獨奈何明於賓主之禮而昧於君臣之義也。

點染襯貼處皆出風入雅勿股法相生機趣橫溢置之夔曆名家
集中恐不易辨　原評

借雞黍鋪襯處典秀絕倫其實設想俱在空際摘情攄是布置
詩法故能波折橫生此本是丈人以饋接子路過作晴識冷刺
便將當日慇懃學意然借田家風味形容出遊子傷心逞旁代摹
情事乃儘見生發矣　仇滄柱

殺雞為黍而食之

山西勵宗師歲入 浮山縣學一名 韓步雲

隐士肅賓而特為之治庖焉夫農家所有者雞黍也丈人以食子路不儼然偕物乎哉聊以伸其敬云昔夫子之席不暇暖也憂世憂民之志幾于每飯不忘莫殫莫究之身無或大烹以養悲夫吾道窮矣乃當日從遊若子路不獲承僅于廊廟徒聞設饌于農家是又奚為者則止宿之丈人可異焉想子路之止宿也行其野而黍麥秀風塵之景色宛爾增新造其廬而犬吠雞鳴溪僻之雲獨遠維時正不識丈人為何許人而繫之維之將復何待永今夕也乃丈人則有以晉接夫子路矣相逢萍水適君子之止

（從夫子映照最得來脉）

（閒閒引入）

（逗出雞黍筆致芬新）

（財下忽者）

（以下最得）

（綏受法）求則式燕綏之敢曰庖人不治取諸宮中幸不時之有待則嘉會予餞且嘗小人之餐在子路也不速之客窮途投轄寧以行李之所而量夫分我盃羹在丈人也東道之上傾蓋班荆不啻洽比（國語對史記）（二比再以劇）之孔云而因以禮先一飯蓋殺雞為黍而食之云山殺野蔌豈其不足以登筵而長途憔悴之餘或非所宜具魚鱉鮮魚豈其不堪（觀寬局）（逸調足警快蝶）以下箸而荒郊遐僻之地又非所能供不必執于牢聊問棲于塒也小鮮一劑漫供佐餕于高賢而野外之風自古既越宿而春可（不減盛唐佳句）即夕而辦也疏食一盛聊勸加餐于我客而林間之趣偏真夫客至而具食者地主之常情而鮮之給而餐之馨此際若溪其繾綣（前二比分出二比合）

即客至而特殺者田家之故事而食之左而羹之右此中若信

（下三字寫得有情有景）

致其綢繆其揖客而食之也若曰雖無嘉殽式食庶幾敢以為先

生請而其即席而自謝也若曰盤飧市遠食無兼味不足為外人（妙）

（二比描仿盡致）

道也細斯風也禮不足而敬有餘雖其有矣何必二簋之用享挹

斯意也物不多而儀已具在彼空谷儼同一束之生芻維時子路

（饔簞更妙）

愈不識丈人為何許人而逡巡聽命不敢不能也而丈人之晉接

子路抑亦已也則見夫陳殽供具之餘更有前席而肅拜者

然斯題有典籍而無天趣徒稿本耳此文妙在寫得極真極細

極活引用點染俱是十分生動令人不見詞語之工而但覺其

景之妙。是寫生第一手。通首共十六比。都是一氣生出。章法
極精。讀者如見烟樹蒙籠。謂其中必有佳處。頗霞滄
泛層摘寫出ミ引人入勝。色嫩黃金枝柔翠羽。情致因自絕妙。

殺雞　韓

狼戾

啜茗軒集　韓騰茂

即狼戾以擬其象極形粒米之饒多焉夫曰狼戾未免易視粒米矣乃樂歲之民不計及也龍子故以此擬之令使羜羊致咏而碩鼠傷殘則凡我農人不幾有狼狽之形哉若乃康降於天祚既徵夫魚夢而貨棄於地粟竟靡於鹿場一為想象其情形覺農有餘粟未免暴殄天物之虞矣貢何以知其不善哉試先即樂歲之粒米驗之夫粒米豈易得耶鹹濕則用鉏矣殖蘆則維豕矣惟此滿篝滿車庶幾償終歲力田之值夫豈以九秋有獲勿恤踐履於牛羊壞田則操豚矣祀社則宰雞矣所宰如牖如柳得以饜編氓望歲之心夫豈以萬寶告成一任蔦食於蛇

一家然而防無於有小民豈有深以而至既如雲遑顧維窩之饗慮歎於盈閭閻亦無此久計而積委於露詎思牽牛之嗟則見其春社羔羊無煩鳴鹿之補缺而我倉既盈我庾維億一家八口之奉皆寬然而有餘則見其秋田息蜡不憂園鹿之空虛而彼有遺秉此有滯穗含哺鼓腹之歐不踰時而既足則見其白黍黃粱穉蠢不停於廡下而宜犬宜豕常充四鄙之糧則見其至芒金穗充溢猶積於田間而烏啄蠢殘恍有九年之蓄非同麥之漂竟斂粟之膩一若我田既減歲其有惟知新之升不思舊之沒又若自今以始屢豐年害稼無蜮之災率場偏任扈之食齊誰知穡事艱辛而乃委之於地棄也藏之以稱焉也食之以粟亦詎思惟予赤子則必以此為天嗟乎穀以名璧朝廷

而善為治猶之藥有性而善為調而節以五味配以五行當必有無負其為藥者較之若酒醴若和羹而倍神其用鄉自黃帝造諸方而藥之名以備用藥所為必詳其道也書則以為民有道而善以相成猶之藥有道而善於相配斯參以五藏養以五氣又必有不虛乎此藥者較之若鹽梅若麴蘖而益善其方然則以藥喻治誰謂救身者不同於救民哉不瞑眩而疾不瘳猶之不更張而國不治子也鑒於善而強為善焉庶勿為醫師所竊笑也

組織成文選詞富豔不徒以聯絡見長

說一杯水關
跌宕得體

猶以一杯水

方棨如

責勝於一杯為以之者危焉夫水亦顧以之何如耳一杯豈足盡
水之能耶為仁者奈何如是今有物於此而必曰器之重數之多
對二杯恰狀為仁
而乃可以運乎則幾不勝矣何則倚物太甚者彼其中固有所不
不上先聲水
足也而獨非所識於今之為仁者夫仁之必有為也猶水之必有
字以字
以也苟扈然夫水而以為水之能勝也水必不受故有以之者而
水乃得自操其勝之之權然任舉夫水而以為水之能勝也水亦
難辭故有以之者而水轉不得自振其勝之之勢則如有一杯水
於此而以之亦竟以之氣數之成而為一也有定者也而以之者

二比折開一杯兩對互翻

此以杯字疊字小字并點清水字

此比以一字疊提杯字

○則無定托於有餘而繫之升焉而繫之斗焉如剖瓠以爲樽亦何（一○譬數○）待於再舉而獨無如其以杯也或以爲濫觴之泝源或以爲濯罍之行潦乃聚以束之而數亦無以盡其變是杯之重爲一累而寔（形○器○東之物○亦杯○亦奇○）爲水累也器之成而爲杯也有定者也而以之者亦無定注焉不（亦○甚○）竭而累之百焉而累之千焉如積羽之折軸亦何待於更端而獨無如其以一也或以爲萬物之所始受其始而終可歸或以爲萬（以○精○深○莊○贶○思○徑○者○皆○精○）法之所歸得其歸而勢必大乃數以約之而器亦無以竭其才是一之重爲杯累而因爲水累也或者與接爲構而一彼一此之畧（合下○句取意尤精）當則量力比權而一杯亦自見一杯之用然而以之者何嘗計及

句法警甚

疑筆闊勝他文字卻後顯

人生難對

救劑猶字

此也智等於挈瓶舉一杯而左右之彼其人一以深恃夫水之能勝者而特以一杯顯其奇則令勢不相如而或寡或多之未甚則因難見巧而一杯亦不止一杯之能然而以之者亦何暇㪺及此也見同于測蠡挾一杯而東西之欲其人一似深惧夫水之能勝者而險以一杯舉其勢嗟乎是適所以鼓車薪之火而助之勝也爲仁者奈何猶是

如○功○奔○而○

思筆確似論衡西江前輩選其核西安前輩選其精　儲六雅

此不過一水一石耳入作者手便成絕壑峻岩

第二十六冊 卷七十七

師冕見及　冕出

由見而出，無目而如有目也。夫冕之見，其于階于席于坐也難矣，子則詳詔之，冕不可以出乎？嘗思夫人而失其目，悲矣，一旦欲出以與天下相見，豈不難哉。抑知無難也，苟遇聖人之所在，可欣然而入者，即無不可欣然而出也。如冕是已。夫冕，無目者也。吾思人世之險，有目以相接，則險者皆平；無目以相親，則平者皆險。周旋晉接之間，冕寧不重為慮之，豈其輕出以見吾夫子哉。乃冕則竟見矣，竟出以見矣。雍容就道，向闕里之堂而請謁，戢杖而行，望孔氏之門而至止。由是將命傳之，孔子迎之，旁觀者見冕之見矣。曾幾何時，見冕之見者

紫陽首尾

提筆入化

左史之筆

輕舟已過萬重山

小題仙　論語

文見冕之出也其見也其出也何暢然如之寧向所慮于周旋者今此若有所見也寧向所慮于晉接者今此若有所知也而不知非有所見亦非有所知也蓋冕見而及階而子曰階也及席而子曰席也皆坐而子曰某在斯某在斯也夫而後無所見者而若有所見也無所知者而若有所知也吾故曰苟遇聖人之所在可欣然而入者即無不可欣然而出也已

消納無痕

以應爲挽

上下鎔成一片而爲吊爲渡爲挽郤綿綿不亂此真天衣無縫豈尋常組織

師冕見 一節

詳誌師之見聖人以聖人之語之者詳也夫詔階詔席且歷告以在斯何其詳也曰師冕見也故記者之誌獨詳且世有聖人固天下所樂就也天下之人得游其門登其堂而聞一言以自廣斯亦可以無憾矣乃有人焉不幸為天地之所棄而卒不見絕于聖人即偶爾周旋已不當其接之殷而語之詳者若師冕見是已冕魯人也師其職官也曰見有二義焉一則冕之于子乎是見也一則子之不絕乎冕之見也令夫大聖人所處圖書列焉車服禮器陳焉相與登降揖讓入室而匡坐者非當世名卿大夫即考德問業

精緻肖刻文字

之士豈不幸盲于目身爲賤工而思得與于其間豈亦不自量矣哉雖然莫謂伶工無人也勿論晉之曠鄭之慧楚之鍾儀卓卓名聞諸侯即如我魯有摯當與夫子考訂樂章功存六代雖適異國悠悠我思豈其流亜與然則人顧可以盲廢耶豈之見焉宜也

首句要頂上得從跌轉得下

子之不絕其見焉亦宜也雖然吾竊爲豈悲之士之相見將于是乎覲禮焉聖人者禮之大宗也是故升階則有相避之禮即席則有相讓之禮衆賓在坐則有相上下相應酬之禮豈也不知有階何知有禮不知有席何知有禮不知有在坐之衆賓何知有禮無

峰迴〻轉跌落之痕俱化

他盲于目者誠無可如何也豈其窮矣乎曰不窮其不窮者何也

見得活潑潑地。而觸手皆如逢源。是能以蒙莊之筆寫聖賢之理者。原評

以天字作主。高識包含一切。想見謝上蔡掀髯說論語氣象。庭聞

師冕見　一節

王汝驤

見者之為師也、聖人有可詳記焉、夫自階而席而坐、子之詔師詳矣、記者從旁觀之、故其記之也亦詳、且吾夫子所謂動容周旋中禮者、固安往而不然哉、即如子見瞽者、吾黨嘗記其雖褻必以貌矣、此豈非胞與之懷、倍深於殘疾、而悲憫之念、無間於偶然乎、況

觀念即注下○相師

乎一旦而來見者、為師冕也、居樂官之長、則禮貌固在所必虔、觀矇瞍之倫、則矜恤宜有所獨至、吾黨乃尤樂於此乎觀聖人也、夫以吾夫子從大夫之後、階則五尺也、席則再重也、凡得登夫子之堂、孰有懲於儀而敗於度者、而無如見者之為師也、當是時、先冕

而在者不一人焉聞冕之至咸起於席而屬目焉將命已訖賓主聞名夫子則降階迎客於門外意冕下車時固知其為門抑亦自有介焉故不待夫子之有言也夫子入門而右師入門而左師固嫻於儀者此無足慮無何而及階矣使師於此倀倀然不知級之拾而奚免於足之蹶乎吾黨方竊為師難之而子則曰階也師於是拱立以俟夫子乃請入為席然後出迎師師乃儼然就西階先左足無以異於常人之升階矣自是而及席矣師於此倀倀然且不知席之何鄉而又安知讓而何受乎吾黨又竊為師苦之而子則曰席也師於是止其接武夫子乃跪而正席師亦儼然跪撫而

辭請徵重席無以異於常人之踐席矣於是師坐夫子坐向之起者皆坐吾黨於此則少安焉意坐者於師固不妨姓氏之自通而師於坐者亦不難開聲而相悉可無籍於夫子之諄諄矣而子則又告之曰某在斯某在斯於是滿堂之客得恬然於晉接之度而賓席之師得泰然於應對之間是日也冕遂自忘其為師凡與於坐者亦俱忘乎冕之為師而禮儀卒度笑語卒獲無以異於常人之見於夫子也懽然竟日成禮而退則師之離席下階也心識夫子向者之語了然不復有疑出門上車自幸無過於是坐者亦皆得其意以去而子張子乃獨有請於夫子焉

（句法入彀）（道字已出）（補離席下階恰好接師冕出）（之出）

江夏潘明府以此題試童子。絕少合法者。作此以示院中諸徒。使知凡作敘事題。必當如是。自記

遂一敘述。句句取相字之影。學舒

隨敘隨補。前伏後應。原批謂入細入玄之盡。天造地設之文。良非虛語。劉禮輿

師冕見　席也

達道臺課取江承學國典
一等三名

師及階、席、聖已詔之矣夫師之見難與人同也詔階詔席不已
于見常人乎且主賓相見東階西階有辨正席撫席有儀此盡
知之奚庸記有必記者賓以耳為目而艱于步主以口代手而
之行亦若創見是可記也賓者何冕是也以耳為目而艱于步者
何冕師也師無目者也無目而請見則及階不知有階及席不知
有席必詔而知及者師之常也是之謂以耳為目而艱于步也主
者何夫子也扶之行者何師得子而及階上階及席践席也其手
扶之行乎非也曰階曰席子第口詔之是以口代手而扶之行也

善解達深

然則子曷不以手扶而以口代乎。蓋師為賓子為主彼此相望東
○融○洽○禮○經○化○矣○腐○為○神○奇○通○
○為○作○意○方○有○安○全○
西異地不得携手同行故不得已而以口代手而扶之行也然斯
詔也凡及階席若無是也。是創見也是可記也。

峭勁自異埋泉斷碣卧壑寒松彷彿似之

師冕見及　一節　其二　邢曰玫

以無見者見聖聖人若使之徧見焉夫冕師耳何見乎自子歷告之即謂冕之有見也可且人非至恐苟當夫形質不全者之介其側而不惻然憫之者寡情也哉夫憫之同也然第憫之已也若以安之者

大啟提論所在亦

遇之則更有補救之事焉是故有聖人而天下無廢人也師冕之見可觀矣嘗記子之瞽者也或見而作然子自作耳瞽者不見其作也或見而起亦子自趨耳瞽者不見其趨也何冕之見也異甚入其

啟已字完下盤說至神已動

門若見吾夫子之宮牆焉登其堂若見吾夫子之函丈焉而且見夫子蓋真見所欲見焉而且見夫子而不止見夫子若並見所求見焉

冕何無見而有見哉雖然冕何見乎助之見耳孰使冕之無失足也

二段都先点出語側裝記者總多少飛舞流動

者子告之也夫冕初不見階也聞子之告而後乃知及階孰使冕之無失次也者子告之也夫冕初不見席也聞子之告而後乃知及席孰使冕之無失人也者子告之也夫冕初不見皆坐者誰也聞子之告而後乃知某在斯某在斯矣噫冕何幸而見夫子哉夫之所㢘也而夫子成之不忍其觸目之無覩而尚致其縫綣之意發降進反之間得片語之提撕而頓忘其瞶人之所畧也而夫子詳之猶幸其耳

対是勝

力之可用而不憚夫引翼之勞瘁對周旋之際得一言之指示而轉生其明斯時也冕方幸禮遇之特厚而夫子若出以無心冕自覺巽

數之頻加而夫子祇行所無事一師冕見也而亦如此哉

醇雅恬適之中自有流連勤宗之致一題三作而各擅其勝由其

心有活機故能生發不窮頭頭是道也　原評

此篇得手在善運倒裝法一下順點索索無氣矣與其一順倒互

用各臻妙境屢曆妍手未之或先

師冕見

師冕見及階　全章

李鏘

聖人以道相天下於師冕露其一體焉蓋道無不在見師冕則有相師之道聖人何容心哉今夫天時行物生無非教也聖人交際周旋無非道也天無非教故升降飛揚可時於不甚經意之物悟天心之（眼光如炬）仁聖無非道故從容中適可時於不甚經意之事觸聖學之全如師冕見可覩已（氣蒸雲夢波撼岳陽）陰陽之眦也造物不能使一世盡登仁壽而疲癃殘疾之患於是乎生夫鑄人以官骸而不淪人以神智天地亦正有憾焉贊之大也君子不忍聽斯人顛連莫告而曲成輔相之道於是乎起夫受天之亶錫而不補天之缺陷儒生可謂無權致于於師冕之見

也知其有斬乎天者而將以人相之又知其有不必參以人者而還以天所自有之理相之階也席也某在斯某在斯也其言之必詳者（老深）道與何待問歟固相師之道也何庸駭歟道本同條而共貫共處乾（心靈手敏）父坤母之中何者非一理所通故宗子家相高年孤弱道所當奉尚尊高慈即至殘疾如冕者亦道之所當哀矜而左右也達道之公不（議論正大）遺於瞽矇偶發其理於階席坐次之間而小中見大聖學盡宣其底（道理平實）蘊固所謂道無不在者歟道亦因物而異用均屬懷生負性之倫何者無分殊之別故老者朋友少者道所必安必信必懷況若盲鋼如冕者尤道之所必曲體而周全也扶持之道不施於聰明惟解其理

東江文集

於朦朧晉接之下而隨處充滿聖學已露其端緒固所謂道圓而神者歟未見冕原有相師之道、之不可廢也既見冕方有相師之道道之不可執也相師亦為道而設道之所以三百三千也道本不為相師而設道之所以鳶飛魚躍也此一役也可以悟道體矣故師冕之凡不可以不誌

真是活潑潑地

西銘正蒙道理爛熟胸中故橫豎說來頭頭是道 徐澤人

只一見冕聖人全身活現所謂小中見大也從此着想便是固守真神用質先

下論

師冕見及　席也

崇明　李尚美　鴻珊

以瞽見聖尼所及而詔隨之焉夫冕雖見夫子而實無所見也維階與席及者不知而子之歷詔之者已如此嘗思天之育物也必及時而生而聖之處物也恒及地而謨先事則未及也後事則無及也不先不後因地因時造物之缺陷隨宜補救而無顛躋之憂故曰聖人者萬類之天也如師冕見可覩已師摯訂樂師襄授琴吾夫子生平勝舉冕惜不躬逢其盛而闕里之宮墻數仞得毋深望洋難及之思師曠在晉師涓在鄭吾夫子異地莫覩冕幸得宗邦承之而杏壇之講席非遙竊欲附諸子及門之後此師冕之所

括及字扣題

道字遞憩撰筆編

安頓首句即借及字鈎動本位

由見與然而冕固師也師則無見獨無如其求見聖也矣以待師

（三比提挈階席妙用潤分勢緊而鬆）

境不必其身親而可以預料冕見而登堂有階東西賓主賓之位

布室有席純越分等殺之宜此正不必入冕之目中而早已在冕

之意中言思擬議恍乎如見而如聞勢苟限於宮骸而即同隔絕

冕瞽而升降蹴踖欲布武拾級而靡從踐履趑趄欲摳衣趨隅而

無目此雖瞭然於子之目中而卒未入冕之意中顧慮躊躇亦又

誰呼而誰語夫就意見時之越階與席而若冕之安之者然且以

冕之歷階與席而若宮人之忘之者然則何以故蓋嘗於冕之及

（上頓起下張）

上而審之冕矣實以冕及子亦及之時而細審之子矣大抵先後

之序主必讓賓而[illegible]之於冕也或先之或後之一若唯恐後冕而
不妨亟趨也又若唯恐先冕而不欲疾行也不疾不徐（八神）視冕為疾
徐而維階與席應候而示其程當幾而予之的蓋不及而引（再）以相
及者子之意猶緩亟及而慮其難及者子之意轉毄冕子實手口（作頂上圓光語重人全身乃現）
之並用而師則耳闢其聲目不得名其狀矣大抵俯仰之節主隨
乎賓而冕之於子也時仰焉時俯焉方欲磬折以進而忽掖之翔
步也正履聲趾之高而旋與以安敦也不前不郤聽子為前郤而（久從冕對[illegible]）
惟階與席宛似其舊游奚殊於目擊蓋未及而憂其莫及者冕正
若與汨俱入既及而一如其自及者冕殆已與天為徒是冕實身（用句清妙乃爾）

心之交泰而吾徒則回憶其景正如聞其聲矣嗚呼冕欲見子而無如其階猶弗及也席猶弗見也此人之窮於天也然而冕弗見階冕弗見席而已於階見子矣於席見子矣此人之不窮於聖也[illegible]○矔○刻○淺○而猶未已也

總是下文追字引子混說則不能扣題粘題則又恐隔礙于半見全于全得半細意熨貼都極龍跳虎臥之奇　王鳳喈

師冕見

師冕見

余棟

以無見者而來見情堪憫矣夫人皆以見見而師涓獨能以無見見也則以其來見者固吾夫子也嘗思乎之以目而奪之以視或哉疑造物之不仁然有餘于聽而不足于明正足境人心之酬對（意在筆先俱鶴乎大家）宛乎知求覲于聖人則亦可無憾于造物矣昔夫子之門諸生習禮之所也一時升堂而學者若而人執經函丈者若而人四方之（侯師冕冕斯在奠）覲知刖好因其人而周旋揖讓于其間者凡凡皆與遊自當目見夫子以來而所見所聞莫不日進然要于子乎觀禮來聞于子乎（冕以冕冕二字為通篇眼目正手論）辨樂也乃一旦有師冕者買買焉來一夫盲者業專于藝必精先王

中〇札〇詩
俾之與樂以盡其長安能兼嫺于禮以飾其短頑乃貿貿焉造夫
子之廬而來請豈夫子反魯正樂嘗與諸伶官相習故瞽得見焉
以通其纔纔耶抑或者雅頌乎大聖人之門欲身進焉而以耳治
耳〇治
是〇下〇支〇對而意
代目治耶獨惜夫瞽以無見之躬而見則行其庭不見其人而所
為宗廟之美百官之富方俛俛乎其何之況乎門庭之內歷歷而
藏為見字作標〇涉
登其階與廁輻輳以瞽相對殊覺不倫人皆以見見而瞽獨以無
見見或有自悔其多此一見者矣且夫常人之情遇藝者或兼之
而不與為禮瞽寧不知之豈亦謂無所能人乃宜以首棄有所能
適〇字〇已〇熟
人豈當棄于俗輩不當棄于有道之聖人故不憚貿貿然來耶

抑聞古之為師者，瞽矇三百人，眡瞭三百人，以伺其危而扶之顛而持之。當日冕與冕皆來者，則道途之傾危與不得其門而入，皆可恃以無恐。然而冕之覿〻焉來者，欲見夫子也。自既無與其昏闇于天壤別者久，自安其素，如謂賜之以瞽盲之視，俾得復見天地日月，冕當不存此意外之想，而第謂國中有理人，則雖賤居賤吏，仍不可不一見，以近其光焉耳。于是將命者以其名告，一時遊夫子之門者，皆知有師冕見云。獨是見則見矣，就使千載下共知有瞽，有瞽在孔氏之庭者，以茲見〻，茲彼聞〻，則以夫子有相師之道在。

無限妙境怪怪奇奇。却都是眼前所應有。奇情實事理也。陳少丙先生

題情全在一見字。然見字須切定師字發議。乃處處與下文映發。文中舉情寫意。轉戰不竭。氣局波瀾。一深于古。要是可以神會。非可以貌求也。小題盡以此種開發後學心靈。沾溉之功不在昌黎六一而下。魏杲渠

小講便極雋妙。知求觀于聖人。則亦可無憾于天地。非徒苟飾下文。如秋水含蘋。直見聖人有相師之道矣。使人咀嚼無窮也。後半浮下文。俱用反映法。如遊武夷仙境。曲曲入勝。集中文

多以排比行之。故文境壯闊。多淵渟嶽峙之觀。至此等記禮則
頓挫宕折。意致古雅。如此才人何所不有耶。張人弘

師冕見及階　一節

山東蔣宗師歲入　陽谷二名　宋朝宗

聖人之於瞽者如其事以相詔焉夫自階而席而坐而某〻人皆見之而冕獨不見也子故歷〻詔之云凡聖人於天下之人無一人而不欲得其所也於天下之事亦無一事而不欲安其常也寧於生平所矜恤者一旦執禮相見而頓淡漠置之使之進止失度而晉接從儀耶試觀師冕見焉方冕之未見也固己意計乎階計乎席意計乎坐焉然而冕意中事也及冕之將見也實則躋蹐乎階躋蹐乎席躋蹐乎坐焉然而非冕目中事也子於此不覺殷殷其有動諄〻其難己也由是就階言階就席言席就坐言坐一

反擊題意便不犯實手此最為可好

就師冕寫起合題

用筆清便

曾次

冒頭二句

取數曰字之神

近科考卷辨體　下論　情　新錄　二

一示之必詳則冕向者意中雖懸揣夫階懸揣夫席懸揣夫坐而

○承○起○也○前○一○意○來○

亦不但如向者之意料之也言階而冕知登言席而冕知坐言坐而冕知某某歷歷詔之不厭則冕當前目中雖未見有階未見有席未見有坐而亦不啻當前之目覩之也在冕也耳有聞目無見

○各○言○已○透○足○學○之○題○

天地之憾也子則以其所聞代其所見而天地之大憾已平冕謂燮之意也抑冕也聽有餘明不足人事之缺也子則以其有餘濟

○下○消○字○已○在○筆○端○

其不足而人事之缺陷已全是裁成之心也不先為期而失之豫

意小許有法

而冕之進止得其所不復為滯而失之需而冕之晉接安其常然而冕安之冕不知也子行之子不覺也善學如子張所由審察而

明[illegible]

一肥[illegible]惟出不失先民矩矱其筆致雋爽更可醫平鈍之病

原評

一種清雲之致溢於毫端氣韻幽香居然白香山遺句　汪敬以

題是一幅相師之道畫題面只層層敘次題意却處處精微階

席坐正有道在曰階曰席曰某在斯正有相之道在然一味貪注

下文便覺却題中實際一味敷衍本題又苦失却題內精神不

粘不脫骨肉停當固自不易　汪荊門

師冕見及　全章　林錫齡

聖人無心以盡道性善學者有以發其意焉甚矣道無往不在當相師則在相師豈其出於有心乎子故因子張之問而發之且道也者全乎天理而實不外乎人情者也故以無往非道之聖行其隨事各盡之道而祇循其盡人各協之情要非善學聖人者不足以語此也

參打碎

嘗思人或有憾於天地道無不盡於聖人聖人無時而不與賢者隨在而嗜學一日者師冕謁吾徒以來請子張隨夫子出迎客觀夫子之相師而一一與師言者心疑其為道也特以主賓晉接之會未暇向夫子而質其所見耳夫在冕也承聖人之明示而自若於行止笑

語之際固受全於道而不知在子也矜師冕之無明而自盡其提命告語之常亦相忘於道而不覺乃張獨有意於此也張亦知此固涉出於有心乎今設有贅者於此而人見其舉止失宜應接失序也有不樂為詔告者哉即張見其步履多阻酬對多乖也有不亟為指示者哉子之與師言也亦若是則已矣故告以階也席也而使師不失禮於己者涉夫子之創獲也道固然也告以某在斯某在斯而使師不失禮於人者涉夫子之矯舉也道固然也出以無心行所無事道在而身符之祇自率其素履之常因物而付因人而施師在而道應之豈有出於矜持之意盖道無往不在道備於身欲立欲達之道也

陳一段通局始靈

烹鍊精到

眼光四射

乃倘有是參差之產真若天之棄之幸有人焉扶持而安全之乃洋香匡以生斯人亦豈作而致其哀矜之情初不知此意之何從生豈足本乎天之（言妙）命之乃聖人則盡量而平之而皆飽足其心吾乎相師一事見（信字狀）仁量之全云

以題還題。淡處皆古。葉麗東

襲參此等文。皆無意為古。而神與古會者也。若贊之曰。襲參能以古文為時文。此論古文之陋者也。知襲參之淺者也。左集顏

明清科考墨卷集

第二十六冊　卷七十七

師冕見　全　其二　胡宗緒

有得于相師之意者、其于聖道也思過半矣、蓋聖人天地之參也、于相師見之矣、張也其亦有得于此乎、今以聖人之于物也有相之道、緣所不足而生、不足在彼、參之在此、是故一則無心而有憾（絜淨精微）、一則處中而成能者也。當時有師冕者、以癃疾之人、而處伶官之末、時則有見聖之願、而在夫子之門、則夫子之慇勤而禮接之也（一句）、固有以動其矜不成人之心、而非但禀于見賓祇敬之常矣（恒入可謂芥子納須彌）、于時子張適在其側、于凡子所與師言之者、一一得而誌之（點綴皆有生色）、于其始也、則聞子有言曰階也、蓋時冕已及階矣、冕遂升階上堂、堂上衆賓

胡業參時文　論語

皆避席立而冕顧不自見席焉而子曰席也冕遂相與揖讓已而
子復言曰某在斯某在斯蓋其時已皆坐矣斯言也斯道也張也
時猶未得間以問也師冕出矣子張問矣而後子乃曰相師之道
有固然者矣以明其然耶蓋一觀于物而知之一觀于造物者而
真理仍成下于
知之物之生也無全能一體賦形衆體效能若著代焉造物者之
大生也無全功一物賦形衆物效能若性命焉是以師之肯於目
也而獨精于聲音而與之晉接者亦借聲響而通之夫彼一以耳
妙妙 才人之文
為目此一以口造形外貌殊因內心神明給物自濟之道也目之
聲于師也若天巧成之以若其生而與之哀憐者又誰縱臾而前

之乃知于彼也予之夫離類廢以虧其形下此也與之萎矜則怛（奇真之至）
以全其心合之而美離之而傷殆造物者予物以相濟之道也然
則聖人仰觀俯察財成輔相盡道其間夫孰非固然者哉（了結王意）而異端
且謂聖人屈折禮樂以匡天下之形縣跂仁義以慰天下之心意
甚矣哉其無愧而不知思也甚矣

前半叙次約題四十九字如一句後半將天地萬物之理盡數
發揮又只了得題中一固字襲參于時文真能獨闢一世界 藏田
有

文有氣運襲參乃自造氣運不為氣運轉者 劉素川

若天地獨留與義待襄參者。而襄參取之靈府而介足。人自封之而不肯啟鑰耳。方靈皋

一線微息。縫隙罅際。須臾之頃。劃然開豁。窮天際地。程得華

師吳見其二

師冕見　一章　　胡宗緒

有得于相師之意者、其于聖道也思過半矣。蓋聖人天地之參也、于相師見之矣、張也其亦有得于此乎。今以聖人之于物也有相之道緣所不足而生。不足在彼。參之在此。是故一則無心而有感。一則處中而成能者也、當時有師冕者以廢疾之人而處伶官之。其時則有見聖之願而在夫子之門則夫子之意動而禮接之也。固有以動其矜不成人之心（求教已指首節。）而非但樂于見賓交之常矣于時（○逆○提○）（○子○[illegible]○[illegible]○斷○平○見○要○自○有○領○筆○在○前○則○此○不○為○參○[illegible]○也○）子張適在其側于凡子所與師言之者一一得而誌之于其始也。則聞子有言曰階也。蓋時冕已及階矣。冕遂升階上堂上眾賓

國朝制義所見集補　　下論

皆避席立而冕傾不自見席焉子曰席也冕遂相與揖讓已而子
復言曰某在斯某在斯蓋其時已皆坐矣斯言也斯道也張也時
猶未得問以問也師冕出矣子張問矣而後乎乃曰相師之道有
固然者矣以明其然耶蓋一觀于物而知之一觀于造物者而知
（評奧博自成一子）
之物之來也無全能一體毀形衆體効能若著代焉造物者之大
（一氣鼓盪）
生也無全功一物毀形衆物効能若性命焉是以師之盲於目也
而獨精于聲音而與之晉接者亦借聲響而通之夫彼一以耳爲
目此一以口造形外貌殊因內心神明殆物自濟之道也一目之瘵
于席也若天巧成之以苦其生而與之哀憐者又誰縱叟而前之

乃知于彼也乎之支離頹靡以虧其形于此也與之哀矜惻怛以全其心合之而美離之而傷殆造物者予物以相濟之道也然則聖人仰觀俯察財成輔相盡道其間夫孰非固然者哉而異端且謂聖人屈折禮樂以匡天下之形縣跂仁義以慰天下之心意甚矣哉其無愧而不知思也甚矣

一線微息縋險穿隙須臾之頃劃然開豁窮天際地　程得華

前半以子張駕御首節轉是除萬人匠巧時賢亦有優為之者入後見地既精氣局亦大非作手不能

師冕見及階　一節　　姚黃甲

聖人之于師也隨所在而詳詔之焉夫階而席席而坐冕安知其既及而與之坐者之為誰乎自得于而冕如或見之矣且吾聞主賔之相接也歷階而進當席而立揖讓而就坐相與問起居通情愫此亦人情之常乎而獨有人焉至于此而茫然也是天刑之也然而天刑之而人若或解之矣則夫子之于師冕是已夫冕何所見而夫子之見哉當其時趦趄而欲前者冕也迎而導者夫子也立而待者衆賔也環而視者及門之士也高下者階耶微子言幾不知階之已及也離階而參錯者席耶微子言幾莫辨席之已及

藏次歷落可愛

濯錦川試藝　　康學師會課興化府學一名

濯錦川試藝　　蔡學師會課興化府學一名

也而自是即席而坐自是分席而皆坐坐且定矣（節奏）徵于言沓不識斯之為某與某之所在也象方相望于昭昭彼獨相索于茫茫将誰為任其失容失色之憂而此既導之亹亹則彼自率其雍雍固已忽變為俯仰從容之樂蓋為階為席為同坐在冕之意中而不（至于觚物）在冕之目中懸揣其然而難必其然心為造而豈能形為遇乎乃階也席也某某也不在冕之目中而已具夫子之口中詔之不厭（雅人深致）詳而語之有次第于了然于口冕何必不了然于目乎而不相兼者視聽之職故雖有專長不能使之任聽而廢視者固天地有憾之數可互通者耳目之用不幸而有缺而能使之以耳代目者實

聖人補救之權。此非道之所在乎。宜張之因其出而問之也。

說道理太大便侵下文本義。止就本題布景生色。不取尖新。而自能使讀者解頤。雅品與俗品固自千里而遙。原評

師冕見　姚

師冕見　子曰然

馬世奇

以道會聖言者，即與師言而亦然也，夫與師言，師子亦何必指為道哉，而張問之，則然之而已，且道在聖人（以夫子作主），不論言，不言也，然聖人以眾人之心為心，則一言出而若逢得眾人之同然，賢人以聖人（以與）之心為心，則一言出而又若遵領聖人之自然（恰如題位），蓋昔夫子嘗與師冕言矣（言作線），冕謁而請之，子嘉而見之，冕不聞至德要道之求，子不聞微言渺論之示，而但以冕之天廹而與子遇，即一步一趨，夫無目者誠可矜矣，以子之天廹而與冕遇，即一進一止，夫無隱者忽有感矣，師及階，則與言階，師及席，則與言席，師與眾皆坐，則與言其言、基此、一、言、也如曰周旋無失儀為文也乎哉而亦知就當境之人參當境之語固即可于此中兩端即此、一、言、也如曰酬對有深人為清也乎哉而亦知就當境之語繹當境之理且即可于此會一張頸達先師冕出而子張之心動矣子張問而夫子之心又動矣以其見階見席見坐人人所能見者無不有機焉以寓之而誰則擬為道之機乎今而後思灑掃應對所以形而上也則誠有然者乎以其言階言席言坐人人所能言者無不有妙焉以流之而誰則擬為道之妙乎今而後思知愚賢不肖所以胥而覺也則亦有然者乎子于是亟應之曰然蓋因其地而還諸地因其人而還

結起道字

知仕然字

人因其言之然而還諸言。子之告晁與告張。一心焉而已。噫此所謂聖人之言也。

題有師冕子張夫子三層。提出夫子作主。運化全題。絕不另起頭緒。自能恰如題位。

師冕見

師冕見　全章

庚戌　孫灝

觀聖人之相師，可以見道焉。蓋道隨在而寓者也。師冕見而子相之，道固如是耳，而張又何疑。且夫物有不得其所之處，聖人憂焉。

（衮括）

故情真則意自曲而理順，則事亦平。吾於夫子觀之。今夫人與人接而有不容已於心之故，則道行焉。昔者師冕之見，及階及席，

（立句如山）

夫子實左右之。序列既定，子為悉數其坐人，且示以所在。維時子張

（自然節）

（叅）

者從旁觀之，以為子與師言之有如此也。開其心所未明而導之於先，夫何事皇皇而求索，一如其意所欲出而連以相及，更奚至張皇而何之。嗟乎！出之者天隨神動而不知，受之者得意忘言而已。

（頰上毫毛活現一圓字）

新科小題洪鈔　論語　浙江

去徵子張問吾知有道存焉子曰固也是相師之道也而又何不然焉蓋道本無一成之則而緣乎所觸不離接時而生道本非立異之名而行其所安不過因物以付然則子之所以處師者理則奧以近意則重以周事則順而祥情非作而致由見及出而相之而言之蓋聖人天理之周流隨感而應者如此

精而簡　老

舉義簡而當結體逸而遒着墨無多務俗千丈　張今涪

淡淡寫來中邊俱到所謂略施筆墨而意已具者　張鳳攸

師冕見　孫

師冕見及　一章　辛卯　孫見龍

聖人與道為一。于詔師見之焉。蓋由階而席而坐。莫不歷歷詔之者。固相師之道宜然耳。然非張之善問。亦何由知之哉。且道體物而不遺。而盡道者惟聖人。故遇一事而即予以事所宜然。遇一人而即予以人所應得。而聖人初未嘗作而致之也。不觀夫子所以處師冕者乎。夫冕之見也。始必先至于階。而不與師言。師初不知為階也。繼必由階而至於席。而不與師言。師初不知為席也。迨其既坐也。所共坐者必不止一人。而不與師言。師初不知某某者為何人也。然則冕於斯時。不且倀倀然其無之。惘惘然其實適。且默

淡雅

孫叶飛四書末　論語

默然而莫與晤語哉而孰意有夫子之相之耶而孰意夫子之相
之者如此乎其詳且盡耶是豈無心而出之乎夫無心出之而儀
境脆佳　游絲裊空晴雲自在大
頃之間何以感之而皆當應之而咸宜也是豈有意以將之乎夫
有意將之而倉猝之頃何以動于不自已發於不自知也而抑知
此其間固有道也蓋天下無往而不有道也豈於師而獨無之天
下之道隨在而不容畧也豈於相師之道而獨忽之道觀夫子所
以告子張者而後知冕之未見相師原有是道特隱而無以發其
似是說話者妙緻神却自林摛漏露
瞽冕之方見相師隨有是道即顯而有以呈其藹然則子之於師
也初非無心而偶中亦非有意以強為祇自率其道之固然者而

已矣雖然苟非張之一問亦烏識聖人之動靜語默莫非斯道所流行耶甚矣張之善觀聖人也

掃去一切顢頇語頭獨從題中虛字着想能字字抉題神髓可稱潔淨精微此題第一義也 唐赤子

詳味末節神吻自見聖人無心順應從容中道一段光景機隨筆到雅與題稱 姪方來

師冕見

師冕出　二節

敷文　孫承福

出者安於出而聖人相師之道盡矣夫使出者未安聖人之心終未安也張於冕出而以道問相師豈有異道哉且自吾黨有盡道之聖人而無所見者乃不啻有所見以去斯亦道之渾於相忘者也顧使兩相忘焉而非有人即其境之已往以印其理之所存而道不著而聖人之盡道不著而聖人之無往非盡乎常道而不示人以異道也亦不著階席某某乎與冕言之唯恐不詳豈非所以相者之為師而道有其當盡哉然而吾黨中已有耳聆之目擊之心識之不能忘者無何冕起離坐辭自席降階如見儀五盖之師

西泠三院會課二刻　　語

冕出也冕出冕有所安而忘焉者也於是冕起子亦起離坐送賓自席降階如見禮吾黨知子送師冕出也冕出子亦有所安而忘焉者也冕忘之子忘之而子張則愈不能忘之矣因進而以道問

且夫夫子曷嘗預設一道之成見於意中而作而致之也哉人情於無所觸動之餘則漠焉不覺設一旦目覩顛危居心不必盡仁聖苟不至於大殘忍者未有能坐視而不一引援之也何也以是為人之當然者也人之所謂當然道之所謂固然而已矣人情於無所缺陷之際則習焉不知設一旦躬嬰疾苦於人雖非所親愛苟不至於甚秦越者未有不呼號而望其矜憐之也何也以是為

巳之同然者也巳之所謂同然道之所謂固然而已矣子曰然固相師之道也而吾得由小以觀其大且即粗以驗其精天地之生人也耳目手足各有官司獨至師而不能盡效其靈當亦天地所無從鮮免者也得聖人為之示以周行而不啻昭然若發道所為彌兩大生成之憾者此耳彼夫老有所終壯有所用幼有所長抗懷大道之行猶將胥天下而深籌寐況其在袵席戶庭內哉帝王之待物也鰥寡孤獨時廑軫恤獨至師而不能盡愜其懷當亦帝王所未由補救者也得聖人為之善厥扶持而不啻安之若素道所為遂萬物休養之生者此耳彼夫蘧篨蒙璆戚施直鎛侏儒扶

廬極目廢材之苦猶將妙措置而廣成全況其為眡瞭矇瞍聾哉
然則冕非師道不必相也師非冕道亦不容不相也夫子聿道乎
張求道師冕遊於道而忘乎道皆有足誌者

細意摹寫曲得題情與泛作空滑語者有上下牀之別

師冕出　孫

師冕見及　一章　　常住

聖人之道于相師亦可見也夫道猶相師云乎哉冕見而子與言即
謂之相師之道也可且聖人之一身無非道也豈必指而名之曰是
何道之從而求歟欲求道于聖人之身則任舉一节焉而皆可以見道
昔師冕之見也豈嘗與一道而來而曰倀倀乎其何之孰幾相我乎
于冕之見也豈必擬一道以從而曰與吾從而來焉有相之道乃乎
衆從旁觀以見夫階之及也席之及也坐而皆坐也冕方嘿嘿也反
睨睨而席也及階而階也及坐而集集在斯也子則詳詳也道耶非耶
與師言之繫
子曰然也茲之為道厥惟相師與夫師之不可無

中也久矣五　尚乎兼師之于聽可不謂聰而無如其明之獨

也通固有所不忍矣禮樂斯須之不去師之于樂可不謂精而遺之

以禮而或閤也通固可以曲全矣相師之道毋乃謂是而夫子之心

不益可想乎獨是遂然而覓見遂然而與言不惟于行其所無事則

遇之于無心即在坐之某某亦且相對而弗覺也而于顯乃不忘焉

真嘗學之士也夫

風行水上自然成文神來之筆。通体只爲一固字傳神不事雕

張一片精氣開結最得先正緊字法門

山東趙宗師月課 陳甡

濰縣一等一名

師冕見及　道也

聖人全體皆道下相師見其端焉夫相師不足以盡道而道必不遺於相師也微予張之詢固知予之誤師者皆道矣且道無[illegible]不存也我日與人接道也人日與我接亦道也人非挾一道而來而其所必應得于我者即道我非挾一道以往而其所必應投于人者同道焉于夫子之待師冕見之矣夫師冕而見也夫子豈必有一相師之道在其意中而以求必與師言之也哉乃當其及階即與之言階矣及席即與之言席矣皆坐即與之言某在斯某在斯盖夫此階也席也某某也子言之而後師知之也子言之而師知

之而師初不幸予之與我言也設也予不言師必不知也予不言
而師不知而師又必無慮乎予之不言也若是者何也曰道近矣
下之可有可無者必非道師而及階不可無階之告及席不可無
席之告皆坐不可無其〻之告所貴乎道者正從必不可無之處
目然而必有則所與師言之者其明微矣天下之可能可不能者
必非道師之及階徵子亦能告以階及席徵子亦能告以席皆坐
徵子亦能告以其〻所貴乎道者正以聖人所能之端非人〻所
不可能則所與師言之者其較著矣是以師冕出而子張即問
與師言之道與而夫子亦即曰然固相師之道也蓋師未見之先

相師之道未嘗不存而寓無先執一見為謂是師也道必告之階告之席告之某在斯者師至而愀然起念則道正以觀于師而即應（是渭妙絕）矣觀而即應者之為道也師既見之時相師之道固已自呈而萬（先師）無師辯一念曷謂是時也道必當告是席也道必當告是某在斯也是必當告者師在而惻然動心則道又以還之師而不有矣置于（斷言較前嚴醒）（得也哉）不有此之為道也則其實道之無往不在而聖人者固無行而不與也

然字是答以是當知此然又嫌其以無維非道自露故只曰固相師之道也固字見原有此道理非自我始不是異也乃大公

胡氏謂冕之來遂無相故代相者而告之新安陳氏謂冕哀矣無相夫子自矜而告之愚按冕有相無相不可知然皆從所當告李然異云當日冕自有相可以照顧告而聖人於數之設施衛聞動不覺其辭之諄諄如此愚按惟師自有相相師自有道故夫子一見師冕自不覺流露出相師之道來子張不問於子亦忘其為相師之道忽然問及乃即隨問隨答曰固相師之道也適成神理都在一固字見其因物付物之妙耳至聖人無事無處不自然盡道又是推開一步作者看透此意遂遂與未匀神理著筆使固字滿紙欲飛玲瓏巧變往複妙境

○○○師冕見及　一節　楊長松

聖人于樂官之見而詔之不厭其詳焉夫非夫子一一詳詔之故于皆于席于某某一一如見乎師冕一見所以至今傳云嘗聞夫子學琴師襄又嘗與師摯輩相與訂定樂章生平蓋多瞽者交矣然一時晉接之儀缺焉弗傳而獨傳師冕見一事一先是來見者無（以有其先在也）人乎曰有升堂而歷階者請業者某某也請益者某某也脫屨户（先提出其一作主貫穿本題）外並坐室中几席之間一一咸在焉乃來缺而師冕來矣意子必揖其某而出于焉離席于焉降階延之入冕不且得與某某通寒笑而同為入坐之實乎雖然冕也固師也其入見時能連步以上

丁未科房書文粹　論語

否能即次否且不失歡于人否一時坐中諸賓聞冕来其々為老
成持重者方慮其及階而倀々不知所升及席而罥々不知就位
（寫其々心眼中擾此一二長動靜人々情）
且相對茫然而不知為誰何者而為之惻然于中也其々為少年
輕據者方謂必宜升而倀々然宜坐而罥々然且其數不知為誰
何而相視而茫然而有所窮集于心也乃其々方各屬目外望而
（傾聽其々者出）（點以鄉朗）
見其為布武歟為接武歟一々如儀者何也以子曰階也或東鄉
歟或西鄉歟在々鮮失者何也以子曰席也且與其々通情愫也
與其々導欵洽也一若左睇右盼而應接不暇者何也以皆坐而
子告之曰某在斯也某在斯也斯時也冕雖育于目乃得不育于

心矣未幾冕揖其其此遊席降階敬謝夫子而出意一時尚留坐中如其其者（仍以其其作收）必共相歎息曰冕乎偉聞所聞而來寔不啻得見所見而去也夫

逆提起其其來將全題一綫去叙次遞得如許生動即此已便傳神阿堵矣必毫添頰上　原批

師冕見　楊

師冕見　黃惟枚

以樂官而見聖可以觀聖矣夫見夫子者多矣若師冕則以不見
而求見者也不可於此觀聖乎嘗思聖人作而萬物覩則聖人固
拈見字起妙切師冕用意異想天開
天下人所共見者也然天下人之見皆以有所見而見若身任伶
余曲赴趣
官而未免瞽矇之苦則已無所見矣無所見而亦如有所見者
下□驟焉
之以見焉則其見不可以不記而聖人亦可以徐觀其如所之
見夫子是已請謁之心懷之有素矣冕于夫子豈不樂奉杏壇之
下意隱隱動搖
座然天涯在咫尺之間夫亦雖見冕而冕仍不見夫子也執技之
長無忝厥職矣夫子於冕固已時聞盈耳之音然造請矣惘悵之

意歟既欲見夫子而夫子寧不為冕見也懐兄弟之國而僑寓沫
而觀恰好
土斯時之請見者則有封人夫職司邊境際君子之戾止而望
音容固其所耳若冕見也升歌在上升歌堂下其所見者惟是籥
寓淸有声有色乃覺媿枯而文腴
秉翟之傳周庭之簫管笙鏞當無事奏之東山泗水間也不可造
門求見亦等之封疆之隱吏舍父母之邦而命駕朝歌畧時之相
見者則有佾玉夫交非淺近當一言之投契而顧見顏色亦其宜
耳若冕也拾級而升拾級而降其所見者惟是鼓瑟鼓簧之侶祖
廟之羽籥干戚固不聞歌之冕繹龜蒙地也何以見為歟無殊
收淇觀豪桐
於傾蓋之名山之木鐸雖未聆其音而振聾醒瞶之擁已預

卜其將來冕而見之自有所以見冕者奚可憂同無端觸目

洗如素月當空卻人懷抱

闕里之素王雖夫奄其教而暮鼓神鐘之警已早振于今茲子而

備悟下其

見冕冕亦有所以見聖者烏可忽之為偶爾適逢雖見冕者不止

筆姿墨潤朗朗如玉山行

一夫子而在冕也意中雖有一夫子曰中並未有一夫子也又何

雖用正筆卻只就見

論乎他人雖見夫子者不止一冕而有子焉冕之所不及見者皆

字說不襲侵占

冕之所無弗見者也又奚止于夫子記者于此知聖人之不〻〻究

倍有深心故記之曰師冕見

題位極窄拈一見字并協師冕四面烘托而下意自在煙雲筆

單中句句合下卻句句如題絕無分毫侵溢胸中雪亮腕下風

典　小品逢年　下論　卅七　師冕

行隔夫凡塵不知幾千里觀頤

師冕見及　一節

歲試寧縣學一等一名黎昂

即見瞽者以窺聖情見乎辭矣蓋師冕瞽者也若階若席若某某彼惡知之夫子告之特詳也如是夫嘗觀賓主晉接之交祗此容貌辭氣以相通也顧有時勢無可通而必曲以通之者蓋人盲於目保無或失之儀文我致其情不憚再三之指示中心款款夫固

新子張一問

不類尋常晉接間也若師冕見是已夫師冕何以見毋亦聞夫子之不可階欲親几席與諸賢人君子交以觸其朦而啟其昧乎雖

人皆

然未識尼山之堂奧即使得門而入倀倀者究何所之樂依日月

暮去題首此猶極力傳頓下二節精神已現

之光華無如欲從末由茫茫者孰視無覩冕乎雖見猶弗見乎而

夫子何如者就東歟就西歟階已及矣冕其布武進乎安知其為綴之重也冕其舉趾高乎安知其為道之坦也舉前曳踵幾幾乎不能退不能遂焉而冕無辭也冕無辭而夫子有辭曰階也由階而席南向歟北向歟席已及矣冕將謂前席有待乎安知不出其位也冕將謂末席可叅乎安知不失其所也趨左趨右幾幾乎無人室無人堂焉而冕亦無辭也冕無辭而夫子有辭曰席也於是就席皆坐冕也形神已定以視及階及席時固有異然而揖讓方畢緒論未闡將欲通其悃愫何以謂弟而謂兄抑欲識其平生何以一往而一復而冕終無辭也冕無辭而夫子又有辭告之曰其

黜綴極典

雅有旨趣

神似公穀

雖淺文以化板為實妙中應有之開鍵

辭斷

在斯其在斯一安懷之素志何在不宛轉以關生而此際周折之微
（收繳完固）
尤多懇摯直還斯人以固有之聰明立達之深心忽而藹然以相
與而此時導引之切不覺周詳已補造成於化工之有憾蓋至是
（應人手數語章法句稱）
而聞所聞者不啻見所見盲於目者不至盲於心夫非冕也生平
一大快事哉而吾黨遂有以窺聖人矣

局度整暇辭氣安祥

師冕見　黎

師冕見及　全章

江西邱宗師科　入建昌一名　鄧文起

即相師而道寓焉聖人一以道相天下也夫無行不與予固曰形其道于及門也即告冕而道存寧僅相師然乎哉令夫天下有聖人天下無棄人矣蓋其一舉一動非有意于其間也而無不有深意存乎其間故即語言所及學者恒進而折衷之而後知聖人之所以泛應而曲當者非無故也蓋子之所言無非道之所在也無何而師冕見于子也嗟乎冕而見于子即子見冕乎冕見子乎冕來之見子也冕不惟不見子覌其欲行且却欲憩無從凡冕之所歷所止冕俱未之見也且足進而趑趄者口亦欲言而囁嚅其為

註中明言非作意而為之

徒見哀矜

冕意中所欲見而通其情好者冕俱未之見也冕而見于子即子
（刻○狀○○○）
曰冕也盲于目者也然盲于目而未必瞶于耳使其來見而階不
（為○物○一○体○一○）
知升而席不知坐有與冕同在而不知某與某冕其安乎冕不安
（○孫○流○露○）
而子安乎哉則見其東上西上也及階而告以階焉東句西向也
及席而告以席焉或居冕之左或居冕之右皆坐也而各告以所
（文○外○曲○致○）
在焉其于處冕不詳以盡耶噫吾嘗習見夫人世之情每于其素
所震矜則相與道其款曲達其情悃而至于所不經意之人則過
而忘見而忽往〻然者子之處冕知此是道何道歟宜子張之進
（言外○悠然○可○想○見○化○工○妙○物）
而求詳也子曰是與師言也盖吾人之于天下無不各有其當然

者特患道如是而我不如是斯于道有或殊耳苟其盡人而待之克盡也何在不軌于道乎而況是道非予一人處師之道也抑吾人之于天下無不悉有其自然者特患道宜然而我不其然斯于道有或違耳苟其盡人而與以各得也豈更別求所謂道乎而況是道非予今日待師之道也樂必有師師必有相固相師之道也甚矣道無在不存也乎是而師冕之見不虛矣

起手重拈師冕見三字是即貨殖傳人棄吾取之法吾少時聞前輩云張南軒欲講論語全部聽者側耳乃掀髯登坐而講此章謂論語盡是矣可見道非遠也無往而非是也道不可離也隨在而皆寓也吾願讀是文者勿僅讀是文也　計傳一

本朝直省宗師考卷超　師冕見　鄧　下論

第二十六冊　卷七十七

師冕見　全章

福建吳宗師科覆福州府學一等七名　薛蔚

聖心即道隨所見而自流出益夫子一身皆道也相師則道在師（因字活現）（臨題之）
矣若階若席若其子亦因物付之耳而何容心乎哉且道體事無
（隱括題旨先）（景此服因字旋納所思）
不在聖同人而無我其有觸而輒動者皆不以已與爲者也而顧
（開筆之妙耳然寡儔）
疑爲有意於其間措乎目遊道中而不悟已試思之秀頑靈蠢咸
（警闢）
勿於造之鈞陶乃鑄人以亡能而不能淪人之神智則造物正自
（新穎）
有識動息起居皆載天倪以默運乃天靳以炯照而人弗克牖其
（貼切）
聰明則儒者可謂無權彼夫師冕固肓於目而不肓於心者也爲
階爲席爲其雖共心所默喻而視之不見則酬酢進止安能一一

以自如乃見夫子而刑於天若不棄於人焉及階及席及坐必迭
接、學、係、行　妙對
舉以相詔而若發其矇覺周旋晉接無憂哀哀而何之維時師冕
是處不即点子緊、門即以師弟夫子韻煞宗漢逆懸出
受之而如率其常夫子行、而不言其故幾忘為道之所在矣道
東評　河源一曲
遠字發為固字埋根總挃中千聲萬聲不敵此一聲
盡人而皆具雖疲癃殘疾亦皆與斯道有相關之故舉凡謁吾徒
刻意求新千年不腐
而來請即不啻挾一道以相求而彼以耳為目吾即以口代手其
原批其是深　真致豈
適然於主賓之會者直適然於天地之寬也彼大化流行初非有
安排布置之迹而鳶得之而飛魚得之自躍亦若是而已矣道隨
在而各得凡登降揖讓總本大道為敷施之準故即為偶爾之
語語挪礙落地
應酬皆具有自然之理趣而因物以相付即與道而為體其披豁

於座間而無憾者實洋溢道中而各足也彼乾元變化何嘗有
矜心作意之勞而性命於以各正太和於以保合亦若是而已矣
是知聖道同天而施雲行澤羣生者不言而自遍聖心即道隨時
順應普萬物者咸于以無心微子張問固知相師之道宜如此也
然非子張之問則師也既出衆遂漠然爾時親炙聖人者且同遊
道中而不悟後世又安知聖人之全體皆道有如是也乎

得題大意灑落自如　原評

道字要認得真固字要看得活此文開講體事無不在同人而
無我二語切實渾成便已探驪得珠通首息心靜氣體會入微

究只做得此二字透徹圓活行文無塵俗氣無烟火氣居然養到之候昔人云語道深微話一揚庚幾舉似文品名作如林凌駕者亂挨講者笨齊古為使氣者粗藉藉紛紛總無一當宗

俺昇

足躡天根手探月窟閒閒來往六六皆春邵至大程至精畢且於中幅二大股闡矣至前後之風聲謖謖月色溶溶一般清意味亦耐此中人領取也吳在翁

師冕見及　節　應露

序師見之始終有曲盡其情者焉夫師無所見也其來見也亦使之
一如見焉耳且昔夫子為天下宗士大夫之就見者日以旅進其周
旋之中禮有不勝書因為詳其問荅而畧其儀文然苟夫子之所詳
題中字於題前一一
又烏得而畧之一日者師弟聚首嘉賓戾止前此歷階而升者某也
點出叙次如畫
後此歷階而升者又某也几席之間或以上坐或以次坐或依隅而
坐一堂之上履舃交錯戶外之踪渺矣無聞居無何僕有告以賓至
如畫
者問何人曰師也問其名曰冕也夫見者冕也以冕而見夫子亦何
界棹一一語急又疊開烟波萬疊
異然冕固師也以師而見夫子則必有異然而前此之見者吾黨固

石楠草　下論

春水渡旁渡夕陽山外山有此景况合編

歷ゝ觀之某也及階與予讓登予先登若忘其為階也某也及席與予讓坐又各安其位若忘其為席也爾時在左在右某某也夫子之知

兼疑此三句

交某也為所熟識其相忘於形迹之外師也接踵而來則有衆賓之

接待神妙不測令通體皆靈

禮在可做而行之維是延佇以待爰觀其儀意者一以明其不惑固

二一語鎖住

或隆殺以駭同人乃夫子殊不然矣則見其及階也而予曰階也其及席也而予曰席也其皆坐也而予復告之曰某在斯某在斯某在見也目不能觀而猶幸耳之能聽予正以師也任耳而不任目因其所能以矜其所不能一時言論風旨概羅勿錄為述師見之始終以補曲禮所不載云

出没變化得史漢法嗣。前幅從衆賓之見夫子借點題中字落到師冕又忽宕開從記者在坐見夫子待賓之禮再敘一番意令此下冕亦如是然後一筆鎖住直點全題仍還他立案體通幅文竟似空中樓閣不知正史家敘事虛實變化法也兄長源

漫空起雲雨點落在天外其抽繹霏拂之奇坐看真死忘倦　湯以安

筆法清超發議俱橫空而來題中節節條理與其驅使騰挪洵是奇觀　藍長青

代題設色竟將杏壇門庭盡出令觀者如親見夫子真身與一堂

石榴草　十論　漁家塾合編

嘉賓登降衍坐宛然可挹。却只在師冕渲染出來。龍門傳神處類如此。兄龍卧

○○師冕見及階　一節　顏光斅

世有聖人師亦有明矣夫冕不能見也自告之而階與席與坐瞭然

馬甚矣賴有聖人人也且夫於舉世茫昧之中而置一聖人焉天蓋哀

（此等語似新邨窗）

下民而牖之也聖人體此意至與斯世之登降坐立相周旋而人不

之知也則惟待有瞽者而後知之如師冕之見可覩已夫天下無人

不能見聖人也而冕獨不能然而識聖人者原不以目也夫子無人

不欲使之見而獨不能使冕見然而聖人之仁能入人之心而使之

見也是故冕所不見者臯陶之項子產之肩也冕所得見者天地之

心父母之懷也觀於階也曰階席也曰席坐也而告以所在而知聖

人之心一天地之心也天地豈欲彼育哉育矣而莫之恤恃其中有聖人也育於目弗育於心故先王官之以盡其長者聖人復妥之使（名隽）志其短聖人之懷一父母之懷也父母豈欲彼育哉育矣而莫之助望其中有聖人也然於視乃聽于聽故造物禁之使專於樂者聖人又釋之使比於禮乃知人生於聖人之世實生於聖人之心也有聖（磨而亮）人之心而後未扶餘形不甘自棄於聖人之世且有聖人之心乃得成聖人之世也成聖人之世而後倫形具體莫不各載一聖人之心此非作而致其情也天下之俗俗將易之況當前之迷惑亦非歟以為德也興類之失所且痛之況朋友之喪明此相師之道也

欲小者說得大必不免入于陳腐此當年峩束經術之文艾千子斥之為僞體也然其中卻亦有名雋之句不可埋沒

師冕見　顔

師冕見及　全　　顧藻倬雲

曲體乎師之情可以觀道已盖道以愜乎情之為至也即師所欲
言者而盡言之誰謂相師非道哉且道在古今有常乎一造以聖
○禱○道○字○入○手○車○勢○飛○騰○
人之心焉已矣聖人心與物為體物莫不有其所欲然而聖人即
○兼○體○用○包○大○小○先○還○聖○人○全○用○語○有○倚○次○
無不如其情以赴之蓋自經天下定國家極而至于一周旋之細
胥不外此此則當道之所在也若子于師冕其一端已夫古者瞽
瞍修聲師固官師之所材也吾夫子生平志存正樂于摯訂殘缺
焉于襄得琴學焉至于辨疑數明音節閒嘗與太師及之而獨于
數、自、不、猶、人、
其晉接之故俱不傳之自師冕始師冕曰見明乎夫子之不絕

崑山人文　　論語遺藁

其見也為冕幸也而夫子則一似甚篤乎冕者一似不已于冕者

一路叙次如畫

其及階冕意中即有階目中未始有階也子亟詔之曰階而冕于

是如覿夫階焉其及席冕意中亦有席目中未始有席也子亟詔

之曰席而冕于是如覿夫席焉無何皆坐矣其在席者若而人冕

方若夫目之不得一接也而子曰某在斯某在斯冕于是如見夫

頃二此態度極似華亭

尊焉如見夫親焉逡巡而入夫子不嘗與之明也而冕初不覺次

意致安閒

第而語冕不嘗得之覿也而夫子究何心維時子與冕兩相得亦

兩相忘也乃子張者目其事悉其詞于冕之出而不禁有問也曰

與師言之道與甚矣張之善學也蓋誠察之于微也而子曰然哉

師冕見及 全（論語） 顧藻（倬雲）

夫相師固有道矣一階焉而不使知有階席焉而不使知有席坐焉而不使知其坐是危不持也非道也且言階而不適于階言席而不適于席言坐而不適于坐是顛不扶也非道也吾所以與師言者夫亦不欲置之顛與危云耳則謂相之道在此也奚不可一夫是

（措詞○字○用○妥○要○熙○遠○）

而知至人與物之弘也處物之周也其見而不以絕者仁也其隨所及而必告者禮也若乃在坐必詳俾冕無失禮于其人者義也

（推○闡○○○筆○即○四○○悉○超○諸○）

此相師之道也而君子以爲老安少懷曆天下于立達中者夫子其率是道也已

平流如掌波文細生起止爲道字探原究極覺相師一語萬象

俱備　汪西京

張皇道字便若寥廓只就本題論次而無一物不得其所氣象已透露言表此為體神並達之作　王東溆

自須以道作主佳在貼定本章發揮不涉老安少懷一派套話先正顛撲不破法門　謝憲南

師摯之始　全章（論語）　顧宗泰

師摯之始　全章　　顧宗泰

語言正樂之盛聖人有餘慕焉蓋摯為太師予與正樂昔也合奏翕繹而洋洋者稱極盛焉能無於事後而一追其始耶且自古敘○高○聲○碎○言○首之道所以美盛德之形容而非得與樂者以導其和則義蘊令也夫誠以述者之意訓作者之神禎與考器數而會通之斯與明雅頌之當樂闕而觀其聚焉可想見先王之澤之流溢于無窮矣○詩○四○家○樂○有○原○委○是○時○手○亦○余今日者再有會于樂以[illegible]而[illegible]定在禮而樂每行嘉禮之○無○卿○缺○燕○射○皆○係[illegible]○中○下○字○與○不○[illegible]會今樂備六代而樂亦聚鄉學之中特而者今方志在四方而審昔之無暇也抑知樂者少而失理之無人而乃自衛反魯之年正

師摯在官之日而樂之自始至終者可驗焉當是時摯為樂之太
師凡行禮舉樂于鄉黨與事君所必來與於禮其升歌笙入間歌
禱樂之前三節祈出關睢之亂越宋合度
詳此之次第可知音節可按矣然而為歌為奏不必同時堂上堂
素青明節是人贊參之交盛備聲聞雅之亂以為者蓋
下切無合樂之盛也其莫盛于關雎之亂乎摯于斯而神移亦
樂必至合始盛也此用鄭康成嚴禮法此本朱子鄭世子
奈于斯而意往歌樂與眾聲俱作而二南各三終也其間寫肅雍
以孔頭安所言為不違之論是合于丹
之美而情深而文明者初非止發德而貢人數陳於一唱三歎之
周貢公彥疏合業則工必告備不合宗不備啟
中也一歌瑟與笙磬俱宣而正歌將告備也其和平鄉黨之聽而氣
而始盛見合宗之上始于闋歎後
盛而從神者固已備乃奏而觀厥成迴殊一歌一吹之頃也洋洋
神理片
乎樂之精微不可知而流于器器之意蘊不可言而寓于殺至斯

師摯之始 全章（論語） 顧宗泰

而翔洽乃如是乎蓋音諧而神暢天命全品物遂繁然會者皆太
○貳○二○比○原○本○出○疏○諧○說○發○明○合○樂○最○盛○以○遂○出○聖○人○歡○美○闡○准○
和之充溢矣洋洋乎樂之神明不可測而會于心心之尋味不可
○之○亂○之○意○序○二○比○寔○發○洋○洋○盈○耳○相○神○洋○溢○中○妙○有○寔○理○在○
窮而頌于聽至斯而淳美乃如是乎盖音聚而神流性情正殺氣
○切○定○闡○
○推○之○前○方○不○浮○泛○
和鎔然致者胥歡樂之流通矣余不圖樂之合同而化一至于斯
也嘗曰聲吾耳者不從可想見先王之盛德哉嗚呼協比聲音即
應小講
○散○應○完○密○
以耽流政教得其人焉而樂之美備斯彰乎歎念正樂而極不忘
其始也今日者摯往而樂非舊矣以吾人聚散之悲閱古樂盛衰
之故徒令吾神往于遺音而低徊而不能以已也
文體峻潔機神動盪發明合樂始盛之故援据典確字不苟下

典制文環　論語　桂岩居　師摯之一二　一集

真此題僅義也○篇中不作概歎語○只於文來一見○是作者善會題神處○按樂有四節○曰升歌○曰笙奏○曰間歌○曰合樂○作樂次第上下皆同○鄉飲酒禮大夫士之禮也○燕禮諸侯之禮也○其樂四節○無弗同者○即鄉射不歌○不笙○不間○大射不間○不合○詳于射○畧于樂○而合樂之為周南召南○升歌之為鹿鳴三終○無以異也○四節之中○惟合樂為最盛○蓋當升歌○止堂上之歌瑟已耳○及笙奏○止堂下之笙磬已耳○迨夫間歌○堂上歌一篇○堂下吹一篇○歌瑟笙磬○相繼間代○直至合樂○時堂上堂下○樂器人聲○一時俱作○故論樂必至合樂時始盛○合樂歌周南召南○各三篇○而聖人

師摯之始 全章（論語） 顧宗泰

言關雎之亂以關雎者風始也儀禮凡合樂則工必告備不合樂則工不告備蓋樂必至合而始盛非此則不備也蔡虛齋先生蒙引謂關雎一詩在詩為首章在樂為卒章其曰關雎之亂洋洋盈耳舉終以該始言自始至終皆美盛也此不惟與禮經不合且於聖人獨舉關雎之亂以為言之意亦似顯悖矣亂不止關雎一詩曰關雎之亂與儀禮所歌鹿鳴一例蓋言鹿鳴則三終統是矣謂在詩為首章在樂為卒章似只指關雎一詩言亦與禮經不合文無一字蹈襲看書明潤筆細縱有名作未之或先 廖南暉師

昔吾有先正。其言明且清。以經義爲制義。不朽端在此種。徐治通

深于禮經。故下筆簡貴。而諸說俱析其衷。此古今來有數文字。

吳鹿賓

第二十六冊 卷七十八

席也皆坐

汪宗師□試莆田縣學一等一名補廩　陳應龍　朝袞

更以席詔師而師得共安于坐矣夫不知其席何由安于坐焉□子更以席詔之而師不已與同坐之列乎昔吾夫子居處必慎雖席不正而亦不坐焉夫目本當灼□固不難即席而端其□而視之既盲者必無由踐席而參其列□入恤素周不正□矇之（奥○胡○醒○豁）遂巡堂上故指示倍切于方升而主□行同爲□位也詔階之後師不及席乎闔之禮□至寢門主人請入爲席然後出迎則當（○原○評○妙○在○先○生○此○句○中○閒○使○人○嫌○其○突）師之甫至凡與夫子並坐言歡者固皆避席而起而子于此亦早虛席矣□念既升階而接武則□所尚遂師或逡巡而不進

（描寫如畫）

去席之□而偏踐履之居先其何以示□□不愆免躐席之誚耶乃

以觀夫子則又有以詔之矣對重席而請撤賓之退遜以□禮也

而窮于視者方不知席之何向安知讓之何施乎子若曰是雖非（姿態橫生）

庭階之級也固居然越席之陳矣悵如隔于坐初業無從以瞻顧

自如者正襟而坐則前席指東然後不逞于所向當□入而摳衣

賓之恪恭以矣慎也而盲于□者方不知於何而設席安知於介

而致慎乎子若曰是雖非層累之宿也亦儼然華眈之席矣觀冥（跌宕）

頑之聖態業弗得以率履不越者解屨而坐則當席諄示無□式（原評文氣渾灝流轉）

禮之莫愆夫賓有席而不知主固得安其位也一賓當席而不

知衆賓亦無由復其位也自有席々之詔而帥之臨席不已焉作

容乎卽賓之避席而起不且羣安于坐次于彬々濟々相對爲歡

遂○應○自

穀○縐○波○紋

吾黨從旁觀之但見師坐而衆亦皆坐玄堂前几席未親不無然

差之錯立若同列杏壇而不見有席者令且不啻有几身方肅

立之容不轉而欽端坐之度乎雖不同鼓瑟鼓簧並今喜燕衍

珠○光○玉○潤

而即此蹌蹌晤對已無憂踖席之見謝旁賓無帀未周或尚優游

以相待若同登闕里而不知其席者今且因詔而知則方竚立而

晉接不可共列坐而談心乎雖不類請業請益侍坐而祇凜威而

玉○茗○風○流

即此觀儼然已幸得一席之平分矣而詔席而後不可共夫子

並坐言皆今將與師促席而抒懷矣不知師既就坐尔得油
然而安席否耶要之當夫命坐必詔席聖人之欲起無異初升之而一
坐則無不坐堂上之周旋寧安纖默有在坐之朱焉子不又歷舉
以告之乎

學憲汪持齋老夫子原評

秀潤中時露軒爽之致而前後中間起伏照應手法尤見精密

唐棣之華　章　　狄億

逸一詩而存其說，訓思也。夫唐棣何以思遠故也，思而循遠將焉用思乎從遠之有？以夫嘗觀詩三百篇，離憂之什居半焉，豈詩能窮人（何其歐公）哉？不窮則可無詩矣，有詩則又不能窮矣。何則？詩也者，思也，窮而思，思而通，所以不窮也。（所謂窮者想其外又刷）於唐棣之詩人，可不謂窮歟？今觀其體，興也；其氣韻，風也；其志，懷人也。可抑而玩者，偏反之華；無因而發者，之子之室。唐棣之窮，蓋自遠生也。遠則何以不思，而詩人曰我不思也歟哉？且何以不專所思，而詩人曰我不甚思也歟哉？而室之遠自若也，甚矣其窮也。是詩也，倚吾知後之慷慨悲歌之士，必有哀其遇而諒其心

（語氣）（倒轉出思字以下來字勝處字字妙處詩人）

明清科考墨卷集

唐棣之華　章（論語）　狄億

者乃夫子錄詩至此則固有說以處之矣曰天下之禪精勞神至于寤寐輾轉而不自已豈不以歲哉今夫人之一身上自君臣父子以

而無後逐時分無

及倫類之相接古今之相感苟意所欲致而即致焉亦已足也而彼且奚思也惟其欲致而不即致不即致而又迫于致之此思之所由

一呈領無下設妙轉鍊應接一篇蓋四股分以思字

不自已也人之有思皆自懷也獨唐棣耶然不見有陵高閣而望

不懷者之所取來字之神父子

者乎千里之外父母兄弟之側息如聞其聲也不見有念其人而舞

君臣

者乎宗國之餘凡百君子之安處如摯其狀也不寧惟是水之湄而

相接

有人也遠矣蒼〻者葭耶而宛然在耶伊人如可即也不寧惟是晉

相感

之日而有人也遠矣俟〻者於耶而取諸懷耶美人非不作也若是

者何也曰思也信如唐棣所云困遠而思雖思猶遠則亦吾身所發
收應
自君臣父子以及倫類之相接古今之相感不幸有欲致而不即致
者亦終其身窮于無所通斯已耳而豈有是理哉且夫大東之詩是
只二一條下夕結〇開〇亮〇直〇轉〇大〇東〇
〇亦〇有〇言〇不〇而〇思〇句洪恭得巧〇
〇異〇前〇
亦窮于思者也然曰畏予不敢所謂發乎情止乎禮義也而乖于仲
〇文〇啟〇端〇倫〇妙〇亦〇縈〇後〇語〇更〇緊〇
繳曰之誓以釋不信之疑則雖蠢衣之大夫而有不能禁者矣此亦
〇來〇字〇一〇感〇儀〇不〇直〇致〇
思之明效然也以視唐棣何如耶來之思也夫何遠之有乎之論唐
棣如此是知不窮者思也思來不窮唐棣之詩人直自窮耳此說詩
也寔訓思也蓋孚刪詩成而唐棣不得列于國風矣思可苟焉已耶
上節以詩箋詩下節以詩話詩如此一篇鉤聯文字而通體輕鬆

漫擬。使人會心于言表。蓋此章詩詞本自虛婉。卽夫子語氣亦須稍款款妙領畧來。情多在賞不奏也。兩字然此兩字誰可寔下點。要讀者當于此細體味之。但賞其觸手成春。生花滿目。未是解人。更欲斷以思人思理真處。措大矣。

唐棣之

同上反
筆之法

虛按

提就上
文久振
全神

正領四
字一筆

益曰 座結過脈題○以上注下法
○盤空勾描數八比格　　章振先集初

繹詩之言〻者若紛〻詩人〻而言矣夫詩言似無煩人之呼為言然即其不已之言〻忘之夫豈徒為是言也哉若曰吾言天地之道而

頸來罷唱論蓋字意

盡以一言此一言者固無煩擬議也矣頑天道無言吾可以代言

折入神一筆消

之古人有言吾亦可以推言之非有外乎言而言之正有味乎言而言之也〻知詩言天而溯之命詩言固昭〻矣然口為論而不心

題前襯寔脉動蕩推

為維則幾視為高談寔漠之具文而詩人立言之旨以晦〻古天命而極之不已詩言已彰〻矣然佩其文而不會其意亦第視為

緊鎖上文甲裡通出妙字　字頓之句關二比

推崇維皇之徽詞而吾人說詩之道已淺〻吾因是即其言而思之

二比摹題正面字秀出上文探出消息下意亦然渾涵全在首字上以題

後四比往復盤旋恰在上下文

曰彼蒼者天有赫詩之言天者亦不一矣何兹言之近而指遠也詩（如游絲裊空）盖有見于大之不易言而又不可不言而又無待于多言者而不（盖字真神）禀其約畧言之也心為領而神為會不必詩人起而告我不啻（神致蓋欲活）（旁側曰字）詩人起而告我矣曰高曰明我之言天若亦不一矣何兹言之若（蓋之點睛）（文境秋水澄潭）憁而不繁也詩蓋有見于天之不難于言而特不可以泛為言而直可以統乎人之凡有言者而不禁其深切言之也人有心而予忖度不必親承詩人之提命而不啻親承詩人之提命矣謂詩之言天未盡而吾代而盡之乎夫詩亦何未盡也而亦不妨以為未（下意畧畧欲逗）盡而究不必別有言以書之第一想像爲而覺其意之所欲言

失題中着筆

層出不窮

即其言之所已具爾謂曰天未明而吾申而明乎夫詩固無弗明也而吾並為人之疑其未明而亦不過仍詩之句明而明（清矯拔俗）之也試一微會焉而覺其意已見于言而吾直可不費言爾詩人（加佳句字）已言而吾復為之言則其言天也似贅而非贅也彼其言中之躍（如題而止不溢一絲）如者已迫我不得不言也我不自言而即詩人之言以為言則其言天也似襲而非襲也彼其言外之共見者固早示人以可言也吾願人之言天者亦想像乎是言也亦微會乎是言也蓋曰

題竅　蓋字承上詩言天命曰字又因詩言另為之言作文須緊抱詩之言天來脈隱隱勁下所以為天自與下言文王第二蓋字

益曰（學庸）　章振先（集初）

過則。要恰如題勒。一絲不溢。方稱空〻妙手

文評　題無實義。僅有虛脉。文勢筆空中描寫。如游絲裊文獨裊晴霄。而蒙上注下。勒馬懸崖。但見一片清氣。往復自有秀骨天成之妙。天嬌靈變。推白描聖手。兵喻龍

註釋　擬議　易擬之而後言議之而後動　天道　王禹偁待漏院記天道不言而四時行　高談　杜子美詩高談

維所鶩叩遊　維皇　書維皇上帝　彼蒼　詩彼蒼者〻　有赫　詩臨下有赫　高明　詩謂天蓋高又明〻

在上　深切　史記太史公自序我欲載之空言不如見諸實事之深切著明也

益者三友損者三友

紫陽孫承福

詳取友之方益與損宜慎所擇也夫友不一也益我者三損我者三不有以擇之烏能取其益而遠所損哉且自人不能塊然獨處也而麗澤之占尚矣顧世各從其類以相招而我當別其途以爲取不爲嚴夫相符之數以辨夫相反之形必至昧昧焉誤于所從而友道幾不明於天下今夫斷金之義首著同人盍簪之交特詳由豫取友之期於益而不期于損也明矣群居多離索之憂則言念他山爰求攻錯而苟不明于所擇將孚嘉則吉比匪則傷各自有與接爲構之緣而道以相岐而易混聲氣有應求之雅則載歌

伐木不廢嚶鳴而苟不審于至微將涇渭殊流薰蕕異罷各自有與我為緣之勢而數以相敵而易淆吾且為之別其途而約其數曰友之不可不慎也益我者三焉損我者三焉以有餘補不足則有日益之境以至深增至淺則有遞益之情益恒患其寡而積之為三固有缺一而終不可為益者始則益吾身繼則益吾心終且益吾學與識吾日與為徒而益者皆其將伯也善取友者誠慎于所取慎于所與而已矣物乘間而入則有驟損之機物積漸而至則有寖損之害損恒患其多而核之為三固有得一而已不能無損者小則損吾事大則損吾性甚至損吾功與名吾縱立于獨而

損者常以朋從也善取友者亦絕乎其類杜乎其餘而已矣是在持之于初也標榜聲援之習誤盡幾人身世矣益者在前而不知其為益損者在側而不知其為損益與損相峙轉而相勝唯操吾鑒以持之而蘭室同芳蕙而好我鮑魚等誚棄之如遺是在審之于終也游戲徵逐之場誤盡幾人學術矣以友所有增我所無而益者見以我所無增友所有而損者亦見益與損至顯亦復至微惟精吾識以審之而班荊之誼可與共論絕交之書可以不作若夫以三畏之神凜三愆之失以三戒之志竭三省之功則亦取其益以遠所損者而已而友道有不明于天下哉

籠罩處筆筆渾融處處警湛是謂堅光切響

益者 孫

益烈山　　　貫英集　李鳳祺

莫高匪山、掌火者首烈之焉、夫山足以制水、尤足以生草木也、益用火以烈之、其勞心於山者已如此、曉陳相曰、以許子之怪誕不經、非欲託為烈山氏以自神其說哉、豈知炎帝之王天下也、以火德、故耒耨既興之後、會以烈山著其名、而大費之佐虞廷也、以火官、故艱鮮未奏之先、亦以烈山昭其績、望巖巖之體勢、逞赫赫之聲威、覺燎之方揚、炎上者必先自上始也、舜何以使益掌火哉、殆以懷山襄陵之勢、非火無以挫其鋒乎、而益顧何如者、湯湯方割之時、無物不助水為虐、而即此巍然上峙者、尤為物類淵藪之區、則欲擇地以建火攻、能不於崔巍嵂崒之中、先揚其燄、浩浩滔天

之日無地不為水所爭而惟有嶐嵸獨存者實居地勢鬱蟠之上
則欲據勝以施火令能不於絕巘高岡之際首策其功言有山也
其烈之便舜典紀燔柴之制封山特重其儀顧封則表厥輿圖以
示尊崇之義而烈則張其氣燄以伸猛厲之權也待烈者不止於
山而當烈者實首在於山雖名山三百支山三千小山無數不盡
作熏灼之觀而起於高陵達於幽谷不啻炎天之烈日爍石而流
金也則陽可勝陰益殆以烈山啟封山之端禹貢載敷土之文奠
山實提其要顧奠則定其疆域九州分畫井之規而烈則繼以新
蒸一望具炎岡之勢也不以烈山畢其效而必以烈山肇其基雖
火烈具舉火烈具阜火烈具揚似有損堅凝之體而其明出地其
光燭天不同大爇之烈風飛沙而揚礫也則遠而有耀益直以烈

山開奠山之勳且夫益之必先烈山者其故有二大抵水泉之恣
肆其源每發於山阿沇始於王屋渭始於鳥鼠洛始於熊耳從出
之地何可勝言使聽其漫谷彌山水之端倪何自測乎惟有以烈
之舉所謂正出側出懸出反出者狎玩既深忽示以望而畏之之
勢是烈山乃治水之先聲也況自有此烈凡物之附於山者不已
震驚其盛怒哉大抵樹木之叢生其疾每藏於山藪虖勺多荊杞
石凡多椶栩羭次多棫橿繁殖之材曷堪枚舉使任其山深林密
水之障蔽何自開乎惟統以烈之舉所謂其菑其翳其灌其栵者
苞蘖未絕胥儡以莫我敢曷之靈是烈山又列木之上策也況既
有此烈凡地之卑於山者皆仰矚其餘輝哉

烈山　清蜀集　張桂星

烈先及山可以觀掌火者矣夫烈不止山也乃先烈之益之勞心已如此且自隨山通龍門之險鑿山壁太華之峯此治水告成所以封山十二也顧肅明禋而望秩封之固以表衡嶽之尊而拜帝命以往欽烈之先以副燧人之掌烈膺具舉而山果誰焚可想見當年之功烈已益之掌火勞心豈僅在山哉然勞心不先在山哉被水道之圖北條多山半塞雍梁之界以益運神所施鬼斧假五丁之力士或可化險為夷胡為舍人事而專恃火攻大異闢山之法紀隨刊之蹟山經所載各擅名勝之奇以益陟在巘降在原相四方之陰陽正可憑高遠覽胡為統羣峯

而付之一炬竟符山火之占蓋益已先烈山矣然山似有不宜烈者名山為寶藏所興我觀生鐵有山生銅有山生金生銀又有山倘烈之而百寶潛銷山珍毋乃罄乎而益則以山不盡烈者見其智烈必先山者見其勇焉巉巖崎嶇之地萬物之所據即寶貨所不鍾則熾以火而以殺為生炎異崑山無庸為玉石惜也魑魅罔其烈魍魎懼其烈蓋赫赫然於今為烈已山居乃太古之風我觀巖棲者屋於山穴處者家於山樵蘇射獵者又結廬於山倘烈之而人盡覆巢山國何以安乎而益更以擇山而烈者見其仁用烈先山者見其義焉崇巖峻嶺之中人迹所不到即巨鈇所宜施則濟以火而猛亦寓寬失非城門不必為池魚慮也草木助其烈風雷煽其烈蓋炎炎然烈於猛火已然

則益之烈山不僅為山計也據上游之山倚天壁立激成奔潰之形居下游之山拔地峯横莫遂交流之洩益若曰統觀全局居然屏障在山矣得毋助波臣之虐而更肆其毒乎烈之哉假威力於祝融而歛烈所加直以壯敷土之先聲而山靡避念然則益之烈山又實為山計也山之峻者突兀千尋高凌霄漢山之叢者蜿蜒百里横枕神州益若曰惟此崔巍必有負固於山者即欲闢叢叢之險何所施其力乎烈之哉熾燎原於絶巘而餘烈所及并以寫帝刑之屏殛而山亦效靈更賴鬱烈澤不愈見益之勞心乎

掌火

萃華集　王國楠

未治水而先治火掌之固大有人矣夫舜之所憂者水而益之所掌者火豈其欲治水必先治火與且上古之世民不火食中古以還民知火化後人爨思釜甑皆知燧人之功不可沒矣不知燧人之時火運方興帝堯之時水災獨甚聖人欲除水之害不得不修火之利是以上古之火鑽之者有燧人中古之火掌之者有伯益不然舜之敷治治水非治火也乃獨先使益者何哉大抵水與火相勉故水強則火自弱舜欲抑其強因先扶其弱則有是使而燥溼相乘不助洪流以為虐抑水與火又相濟故水下則火自上舜欲致其就下先求其炎上則有是使而坎

離互用儼設司爟以持權此掌火之使所由先在於益也閒嘗
攷疇若之詞溯作虞之職知惟夭之草益得而掌之惟喬之木
益得而掌之火則陶唐之世閼伯是司益非其職舜何以使之
[illegible]然而舜典無火官之命則即謂虞官兼攝火官也可後世以
火濟兵亦有火攻之策而虞廷初不及此也益為少昊之裔少
昊之德在金而益之責在火掌之者所以救五行之偏後世以
火治田用資火耕之利而虞廷不徒在此也益為庭堅之子庭
堅之職在刑而益之職在火掌之者因以明六府之備前乎此
者炎帝以火王矣顧彼之德在於火故紀以火師而此之政在
于火故施其火令掌火者不必以禳火為事前乎此者祝融為
火正矣顧彼為火之正職無異元冥蓐收而此為火之司權莫

讓熊羆朱虎掌火者並不必以救火為功火必生于木益之時
木盛則火自旺掌之者所以乘其旺象也火又生夫土益之時
火衰則土難平掌之者所為振其衰氣也夫許子生于楚楚固
火正之後也子居於宋宋又祀大火者也亦嘗聞神農之後復
有掌火之事乎自有益之掌火而後世柞氏列木則火之薙氏
化草則火之即穴氏攻獸亦各以其物火之秉畀炎火莫不以
大費氏為法火之為用大矣哉

靈心四映生發不窮

第二十六冊　卷七十八

浩〻其天　　塘　何陳調

想至誠之天直與為無際矣夫天無際而至哉〻且際其所際擬之以浩〻其知也其天也且域中之至大者天乎茲藐焉混然中處其作也與萬偕育其休也與與物俱化乃今觀于至誠與造物遊而知至誠亦有一天矣渾沌初開天之名亦自人而命顧天不尊（其字情透）于名而尊于理埶其理者即得享其名非奇數之善性既脩天之量本無二人而全惟天予以量而實予以命致其命者即得協其無殊致也其知也其浩〻其天也一天以氣運而其天則以神行茲（將然之意透入其字內）知之所不遁者即為心之所不遺者六合以內四海以外其彌淪

也至矣天統乎境之所絕則其天亦統乎天之所絕浩浩乎口可
得而傳者意不可得而盡矣天以象呈而其天則以精摶故其[illegible]
加捐無入者其心正囊而統括夫無始之始無終之終以限量
也難矣人在天中而人猶可以仰而觀天在人中而人不可以意（精悉）
而測浩浩乎心欲窮而言不能窮者即言已窮而心仍不能窮矣
方寸之內為地亦甚無多而況鬼神之幽人物之繁獨以一心盡
而間之變故在天為大天在人為小天而實則無大小之分也天（奇浩）
癸物而物莫測其遲聖備物而物莫窺其際亦豈有盡之者哉造
化之用月異而歲不同而今洪濛希夷之始以暨元會運世之殊

獨于一日周千古之運故不違為先天奉若〻天而實則勵先後之間也物祖于天而不知所生物宗于聖〻不知所極夫豈有限之者哉至誠之知化不可盡則以其天歸之至誠之天不可名則以其浩〻遥之天者何誠也誠者聖人之本也滴〻歸源〻

清超楚朗冷〻如玉壺冰姑射仙人自是絕塵雋品葉壽木

浩〻其　何

浩浩其天　施翔鳳

即知化者而擬其心天在誠中也夫化育者天之誠而知之者即至誠之天也擬之以浩浩豈僅如天已乎嘗思命之不已者於穆之精命之各正者變化之寔而非通極於命者不足以合大　而同揆也乃若心含大造而有以契其不已之宰通其各正之原則（絶無蒙翳）命洽于心固非人事所能與耳吾更即至誠之知化育者言之乾（緊從知化育勘入）坤之法象雖窺而一入至誠之神明遂若日用之素習則宥密之内渾乎太極之真宇宙之施生莫測而一遇至誠之觀察遂若本體之自呈則方寸之中純然太虛之妙浩浩乎非即其天乎動靜

通復之機人各稟一天于降衷之始特無如私意淆之耳至誠之
契其機者不以形而以理乃理至而形自不能拘動靜互根誠之
（說理周匝覺他人只說得一邊）
自為動靜也通復遞嬗誠之自為通復也虛明之宇一私不雜而
（歸根至誠）
洪鈞之樞紐日流行而不窮惟其天之凝極焉而已陰陽屈伸之
運人各具一天於成性之初特無如物欲累之耳至誠之符其運
者不以質而以神乃神周而質自不能囿陰陽合德誠之自為陰
（切大德）
陽也屈伸同體誠之自為屈伸也昭曠之域一物不容而蒼昊之
機緘日往來而無滯唯其天之協撰焉而已天地之化育有對待
（是其天非如天）
而至誠之浩浩直與為流行發微不可見者充周不可窮凡化育

所必至之處皆至誠之天所必至之處也會其精于至易至簡之蘊而即合其體于成形成象之先則天道之無為渾涵于藏密之心源而各足天地之化育有推移而至誠之浩浩直與為充塞曲成而不遺者範圍而不過凡化育所不到之處皆至誠之天所必到之處也通其奧于無聲無臭之原而即協其機于一闔一闢之際則天行之不息默嬗于窮神之心體而有餘甚矣至誠一天也

其天俱切知化育淵出

寫得浩浩意思出發得其天其字真此題僅見之作 几擬

浩浩其天　合下節（中庸）　張江

浩浩其天　合下節　　張江

至誠以天知天故知至誠者亦必至聖也盖惟誠與天合一而其仁其淵一其天焉非聰明聖知達天德者又惡足以知之乎思意謂誠者天之道正以其德為能達乎天之德也（恰好截清題位）其小德川流也至聖既以配天者同其用其大德敦化也至誠又以知天者同其體吾得由其仁其淵而遂窺焉天命謂性率性謂道性道乃天所流貫之理其仁即天地之心其淵即天地之性天固心性所統會之原至誠者盡心知性以知天者也是亦其天而已矣何也天之德一誠故其化大生廣生而不測浩浩乎推之於前而無始而莫非

（三句乃逐層歸併到其天句理本一線穿過非掀納巧法也）（破的）

其誠之復也引之於後而無終而莫非其誠之通也至誠之德一矣故其知廣矣大矣而不樂浩浩乎存之而為神是即其天之主宰而極於無始也達之而為化是即其天之流行而極於無終也大哉至誠乎其固聰明聖知達天德者乎（從知天上恰好落出此九字）耳目心知獨踐其實斯（九字一氣呵成）能不梏於形體而以其大而無外者見天地之心（他手看實）視聽思慮獨守其純斯能不擾於朋從而以其神而無方者見天地之性是其誠精而明所為以天知天者惟至誠也（峰迴湘轉）則夫聖無不通所為以誠契誠者亦惟至聖也（從一句題界分明）凡皆固聰明聖知達天德者也（恰好轉換）苟或不然吾恐德不能有誠雖日倚其思以求通於無思倚其為以求通於無為

浩浩其天 合下節（中庸） 張江

而終與至誠二也猶之誠不能同天而欲倚其聞見之心為天心
（高手逸合理法但到）
倚其攻取之性為天性究亦莫與天一也其孰能知之哉蓋溥博
如天而莫不覩其配天之隆者至聖之所以顯諸仁浩浩其天
（分配精確）
而莫能窺其達天之妙者至誠之天所以藏諸用以聖理之天知
（結出完密而渾成）
至誠之天則道德一理小大一貫而聖人建中和之極者全矣
上章言小德故由內說出外此言大德故由外說入內經綸者
道之和立本者性之中道原於性性原於天言德至天大莫加
焉故單結之曰達天德蓋通章歸重在此數語非同他題割裂
致甚文義以從之也將儒先諸書仔細理會自得 自記

情理容察。灝氣旋轉要只得一清字訣耳清而醇。故查滓融而不須補綴。清而曠。故障翳消而自在游行。王罕皆

浩浩其天

熊伯龍

以天言至誠見心量之大焉天人日尊天而不知天在吾心也觀至誠之浩浩豈易量歟且自生人不能以天自爲而天理之流行在氣化未必在吾心矣夫兩儀非大神明非小凡一日一事之間有自然流行而見其廣大者皆天也是不可以言至誠之知化育乎萬化雖博以理統之則全故實動在宇宙游行在古今而總不越吾之理也（從知化之上徹出廣大意來）通復雖微以性遇之則合故百姓安其日用萬類歸其覆幬而罔非率吾之性也（說點渾成）若此者蓋浩浩也若此之浩浩蓋其天也人之初體各載一天而功用之廣狹不得不分非功用之難

周其初體有受礙者也一內省而晝夜皆通故有情可托無情亦
榮須知化有未　極言功用之廣
可托浩浩者遠如其天焉已專學問之道總以法天而氣象之遠近
不能或殫非氣象之難充其學問有未窮者也一反身而終始兼
極言氣象之遠
成故品物莫非其性命陰陽莫非其政教浩浩者獨全其天焉已
抱遠舉之思見功施而不見度量此特倚功施以測天耳而不知
此就事業銷歸上刻發其天
浩浩之中事業于焉銷歸也天地普萬物而無心聖人順萬物而
無情彼其不敢自以為天者正軌道所由不息哉而尚馳縱之論見
此就蕃變統宗上寔發其天
空虛而不見覆載此特倚空虛以求天耳而不知浩浩之中蕃變
于焉統宗也顯諸仁者給物之欲而無朕藏諸用者匹人之蓋而

愈有彼其實示人以爲天者寧夫婦不可與知哉蓋天之大惟一誠〻之至即爲天原無彼此之殊乃至誠能即身以見天庸人不能即化育而見至誠是爲察識之題則知此者蓋其難矣

作此題者每從天字後加添浩〻以爲贊語大意無非游掠矣實從浩〻做出其天能使註中廣大二字獨見了義蓋其精理爲文正在如題起止也

浩浩其天　蔣季眉

思至誠之知化其廣大一天也夫化育者天之事知化育者天之心豈不浩浩乎其廣大乎今夫論化育者雖合天地而言之而主宰於穆之中運行于聲臭之表必尊乘而備之于天蓋以天知始而地作成地固天之所統也而至誠為能知之而無倚焉是其默以信之者不繫于見聞而性量之充周至廣而莫可限也靜以參之者不梏於形體而神明之變化至大而無可名也浩浩乎其天乎溯天於化育之初不貳者體之所以立也至誠亦以不貳者會通乎易簡之原是大虛有天之名至誠得天之理理不違則名

駘洽

化育原天地言育地歸去地

字獨攝天字定有至理

不貳不息分斷出其天二字來方與至

識之道關切　惟當

不易即謂之共有一天可也觀天於化育之內不息者用之所以
貽也至誠亦以不息者參取乎陰陽之變是造物司天之職至誠
盡天之神神無間則職無虧即謂之各有一天可也與四時合其
序即自有其四時與日月合其明即自有其日月凡夫靜專動直
寔丨見得其天
者以一心統之有餘矣徹寒燠于晳謀即自為其寒燠雨暘于
肅又即自為其雨暘凡夫富有日新者以一身備之無絲矣是故
負荷幾而
先天者體其心也後天者奉其道也而言乎化育之相通則固其
詞情彩對比尤妙
天之與為終始祕不必以財成輔相者居參贊之功配天者同其
體也如天者肖其形也而言乎化育之相埶則固其天之獨為推

行。更。不。必。以。溥。博。高。明。者。存。比。擬。之。迹。物。物。共。戴。乎。天。而。不。能。有。（○應○共○有○一○天○）

其。天。者。拘。于。質。也。至。誠。非。質。之。可。拘。而。浩。浩。者。遂。清。虛。而。不。可。象。

（○應○各○有○一○天○）人。人。各。具。乎。天。而。不。能。廓。其。天。者。蔽。于。私。也。至。誠。無。私。之。可。蔽。而。（○仍○歸○到○誠○）

浩。浩。者。乃。寥。遠。而。不。可。窮。然。則。知。化。育。者。以。天。而。知。天。也。知。至。誠。

者。非。聖。人。而。能。知。聖。人。哉。

自出題而下。寔就題面透發。六股筆筆正。鋒句句寔按一層深一層一步緊一步。非大神力。正恐片詞隻字無從措辦也。張典若

義吐光芒。辭成廉鍔。中正勁直。令人肅然生敬。

浩浩其

流水之爲物也

學爲海者皆水也、臨流而可思已、盖水以海爲歸、故流者其性也、則不觀所以流、亦烏知水之爲物乎、且夫觀聖人而其術可通于觀水。凡以人之有聖。猶水之有海也。然人不皆聖。而學聖者多。水不皆海。而學海者衆。則欲知聖者。吾與之觀水。而欲知學聖者。吾仍與之觀水而已矣。今夫水莫大于海。而海之大。不擇夫流之細也。則觀於海而汪洋者在望矣。不即有物焉朝之、宗之、而奔赴恐後者乎。抑水之瀾有源。而源之遠。尤樂有流之長也。故觀其瀾而原泉爲有本矣。不舍有物焉。支分派析。而淵源自合者乎。則水之

從海引出水字

從瀾引出流字

流者非乎凡物之常止于是者其質有所滯故欲進而不能其力
三比照下行
有所窮故欲前而不得識者知其終之易量矣若水之為物惟其
流不惟其止者也混〻不舍之象非發之者鋭而其流何以莫禦
乎非出之者恒而其流何以莫窮乎挾鋭且恒之力以期〻必遏
則今即第見為流水而異日之放乎海〻而茫然不可復測者必是
二比股下
物也盖望海而即至于海善早于其流者卜之也然物之已至于
盖科
是者覺進其域則閲歴之情可忘既會其歸則艱阻之形可化識
者幸其塗之可竟矣若水之為物方其流莫必其至者也涓〻不
竭之下觀其始而其流不尚微乎計其終而其流不正遠乎處微

且遠之勢而進而欲前則後即不僅為流水而此日之望乎海而
遠之不可遠即者正是物也蓋學海而未至于海吾安得不于其
流者觀之也將謂欲流者水之性則不流必非其性矣然而性可
遂任乎假使任性而性之所便即無不可一蹴而至也當亦凡有
性者之所甚樂也而流水之為物何必不然抑謂能流者水之才
則不流無貴其才矣然而才可遠恃乎假使恃才而亡之所造果
無不可旦夕而幾也則又凡有才者之所甚快也而流水之為物
何以不蹴蹴則惟有不行之故
着眼只〻流字能行能達在此必盈科必成章亦在此涯射正
溫潤圓活文
意字[illegible]

流水之為物　不達　李昉棶

雖道必以其漸即此不行而可悟矣蓋不盈科不行夫水則亦有然者而況于志道乎成章後達君子何不聞焉孟子勉人求聖道之本也曰聖人曰以道淑天下之人而人亡負其甚盛之志或終致嘆于無成不知天下事皆有漸而必至之程驟而求乎其原無嘗也不觀流水乎夫流水之為物也其行焉者也匯其止焉者也然而有科在則亦有習坎之象則亦有漸達之机則亦有不息之藏蓄有道源之候有所限故不足有所循故不溢而豈負其浩瀚而科之亦盈盈逝焉所行哉吾以知吾道之中亦有其科焉

起世詠詞中明人筆意

原題似[illegible]十二即無竟[illegible]之理

則[illegible]字[illegible]佳

[illegible]相[illegible]結

不求速化而各因其文氣之可觀者然後有所通焉不求躐等而（成吾業重）必由其知行之各足者然後有所進焉夫亦同成章故耳一來之成（逆來人）也而躁於者交驚其神則其志必荒矣之成也而躐進者兩妨其業則其志必紛矣而文何以達也哉夫達也者如水之窮流以（躐等而上）溯源也道本一致然有序焉不容躐也猶水之利漸而得所歸也（脈流而下）體本淵微然有依焉可循循也不然以不盈科之水而激之使前（條得有力）焉將有潰敗之虞矣而况君子之志于道哉一人誠悅然于聖道之大若流水之必以漸也庶幾無負此意也夫

微乎行去無心安坦自然綿密所謂熟則生巧者也今待熟端

流水之爲物　不達　李昉楙

摩得熟做得熟命脈絲下便有生成結果底一篇文字活跳紙上招之即來麾之亦不去此情此景林在底裁遇之

流水之　李

墨卷得

戊子河南

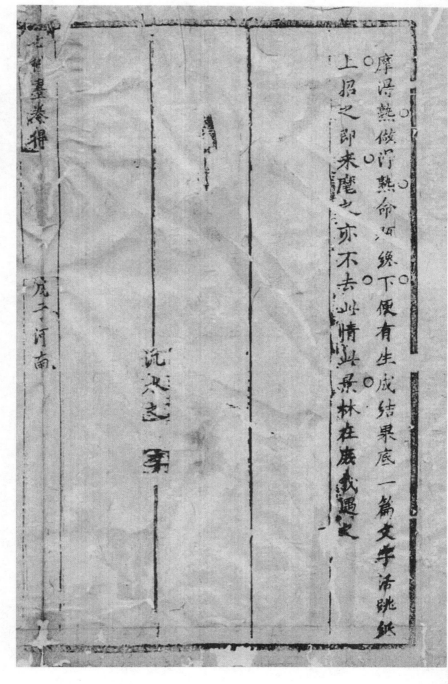

流水之爲物也（下孟）　呂葆中

流水之爲物也　呂葆中

觀物於水其所以流者可思矣夫水不遽爲流而其流焉者可思也

旣明聖道之難幾人亦嘗觀流而有會乎若曰吾今而知聖道之甚

若大包有本發精絡分合

弘也然而遽爲望洋之歎無益也吾今而知聖道之有原也然而驟

語臨淵之羨無功也善論者知其然也是以仍觀於物焉今夫泰岱

剖劃物字考覈主中

之所以崇也滄溟之所以容也人皆不曰物爲之而大氣之爲之也

凡屬乎高深之際而其氣之乘也無功則多之爲物而其情異矣是

可默思其情矣與夫百川之所以趨也日月之所以運也人又不曰

大氣大書以見其人學識分際

物爲之而大本之爲之也凡生乎天地之間而其本之積也不厚則

萃木集　下孟

謂之為物而其勢殊矣是可深繹其致矣吾是以仍觀之水且夫水

構折名目退

亦非有殊於海之水也然水同而其為水者不同也其既歸於海者

滑下達字

不得僅以水名之其未底於海者亦不得遽以海名之也是以水之

飛騰之行中有無数層纖直折起伏章意

趨乎海也或故而至者有焉或阻而不即至者有焉或雖至而紆迴

相及者有焉是皆必至於海之水也是皆流而將至於海之水也

涉筆處留本旨

且夫水亦非有別於瀾之水也然水不異而其為水者有異也其近

乎源者不得徒以水稱之其遠乎源者亦不得復以瀾稱之也是以

発變變矣妙不侵下

水之出乎淵也其趨也或拂之其便也或決之其奔注也或緩而散

渙之是皆發始於瀾之水也是皆流而漸離乎瀾之水也謂汔下實

必不流之水乎而固水之性也謂天下無不逝流之水乎流亦水之

靜也閒嘗為之參觀焉而知水之無不流者水為之其流而不逝流

擠自生為效

者非水為之而亦無非水為之也斯其為物何如也謂水之不能自

思下不須滅

為流流則水之變而多奇者也謂水之竟能自為流乎流固水之

身而有定者也閒嘗為之橫覽焉而知水之無所待而流者水為之

其必有所待而流者非水為之而實無非水之流為之也此其為物

又奚若也吾是以誠知望洋而歎者之無益也不若循流而悟也吾

是以誠知臨淵而羨者之無功也不若漸涸以思也

人皆曰此虛縮題也偏行議論人皆同此點綴題也偏用白描手

筆木集　下孟

…標評

○○○流水之爲　四句　　余世堂

道必以漸而至觀流水而可知矣甚矣聖道之大必有漸而入也盈科而行流水且然況君子之志道哉今夫大道備於聖人不思不勉無所爲層累漸至之功而自范乎不測其畔岸浩乎莫覩其津涯焉下此者則未發矣故入道之心靡窮而進道之方有序不知其序而遽求進焉將終身無見道之日亦未觀水之爲物而熟悟也何則流水之性以行爲漸使其行不難一決而遂通豈必故爲遲緩焉然而行之又不遽行者何也況君子之道以達爲歸俾所達不難一蹴而即至又豈必故爲迂迴焉然而達之又不遽達

倩映流水

此路分明

者何也則以水有其科在也不盈即不行在水固然矣而以道有其章在也不成即不達志道亦如是矣自谷有其科者言之則一貫者不齊以忠恕為科性道者不齊以文章為科吾未見不忠不恕而能達乎一貫無文無章而能達乎性道者是泝流而多所滯也自歷有其科者言之則信善者不齊為美大之科美大者又不齊為聖神之科吾未見不由性善而能達於美大不由美大而能達於聖神者是溯流而有所阻也若是者驟而期之不可即强以求之亦不可別有所圖焉固不可即雖有所進焉亦不可驟而期之是不安漸進之功而未成於此欲遽達乎彼也何異浪沒其科

以速水之行而其行不且多阻乎君子則緩以待之今日有所成今日必有所達矣後日有所成後日更有所達矣而何容以躐期

四股中

俱先排不成章不達之由後方補出勉人之旨

者阻其機强而致之是不待漸致之序而所成者方如此所達者即欲如彼也何異決去其科以冀水之行而所行不且立涸乎君子則順以俟之一節有所成則一節之道達矣全體有所成則全體之道達矣而何容以强致者違其勢且吾見別有所圖者每苦於成章之難而別求捷獲之術以爲速之之方此亦如水爲搏激以使之行也君子則謂一理必詳乎此理之精微而非別圖以期其成也抑見雖有所進者欲成章之速而出其有餘之力以多爲

達之。之。逐此亦如水為之分以使之行也君子則歷一境必盡乎此境之曲折而非雜進以觀厥成也志道者尚以成章為科而使達焉者亦如百川之學海而至于海可乎

嚮意正肯而相繆帶不即不離文心緻妙較對做者又進一格

定菴

流水之為　余

流水之爲　一節　新彙

唐曾述

大賢爲必不然之說以明序之當術也夫使行焉達焉者之可以無
序也亦甚樂之而必不能也流水如此意道如此矣孟子言道之大
而有本而復爲學者示意曰天下事之急而無序者未有以知其事
之難通也吾不能禁之使有待正亦無慮乎其不相待而意將自止（筆執真熱爾續）（一喝）（一省）
此有說焉今夫流水之爲物也其行焉者也孰壅之使不行水與水（真起）（又一喝）
相續則水與水相涵待其盈焉不濫自浸矣而亦有所不行何哉人（又一宕）（一反扣）
情之好捷也身樂尋其一往之致而未察其停蓄之機蓄即其科也（又一宕）（人一反扣）
夫科亦何能限水由此科流之彼科有遠近而無間隔而要必於盈

後得之借曰未盈雖使急流奔赴而常阻於勢之不相及非物之終（又一宕）
不能及也當其時則流水無如何（一和直波）令夫君子之志於道也亦將以求
達也孰斬之（疾甚）使不達其志約而可循則其道近而易獲待其成焉安
驅而進矣（辣甚）而亦有所不達何哉[illegible]情之倖得也（宕與之甚）每好以有涯望無涯（馬甚）
不能以已至求未至即其有章也夫章亦何能慊志由含章繼以
日章有高下（細甚）而無窮極而要必於成後觀之借曰未成雖使奮志疾
趨而常苦於力之不能前非道之終不可前也（峭甚逸甚）當其時即君子亦無
如何

舊稿中曾有是題於昭意絕無理會拉雜撤入智庶勇藝美大聖

神等語眞欺人之作也亟睟其板 自記

反面題只頓贄罵正面則神味索然如題起止中間作無數波折都從反面中攙剔而出嶙峋峭拔亦復淡蕩猶夷越中名士雖多不得不讓雷圃為第一 俞起莘先生

流水之

流水之爲物　不達　　景考祥

進道有漸流水可佰觀焉夫學者之期於達也甚矣流水豈能不盈科而遂行々進道有序志道者宜知之且以聖道之大也望聖

層出加舒騁

道而游者未有不興汪洋之嘆者焉然道因大而莫測而學必漸而可循若其他騖於入而驟焉思赴則學海而不至於海何以察

不脫上截　蕩浮清消

其源而先遡其流也乎吾盖反覆于聖人之道而不禁爲志於聖

轉而意愈朗從上文畫出分

人之道者致思焉道非可躐等而至在聖人見爲深者在學人不

界分道明　久於句法

妨先見其淺蓋河海不擇其細流而始深也道貴乎術行以來在聖人得其大者在學人何妨先得其小蓋滄海以百川朝宗而始

明清科考墨卷集　康熙戊子河南魁選　孟子

大也吾因知志道者之期于達也久矣然而豈易言哉今夫水之（居撰古文）
積也不厚則其流也不遠觀水經之所載濟漯龍門而抵澥者何（無勢）
以不一放而即收也水有其科可以待按盈不行必象焉讀禹貢（做上古截本帶宗下截）
之所紀注于江而匯于海者何以不動聲而久盈也盈科後行可
以動循途守轍之思以流水之為物若此而謂人之志道也將且（亦曰清楚）
蘇以期效乎抑涵濡漸積不成章不達已子知之審矣夫君子
之求知乎聖道者非不甚急而人觀其玩索之致則若故緩之夫（以知行分壯自雄）
豈其果緩之哉蓋亦有度其學之所至尚未克底于光明而空踪（切成章）
之識雖驟語于精義入神奚益夫只以漸詣將之而不倦耳擬君升（切達）（映流水）

之求行乎聖道者非一下學境而及其体驗之功則若故遲之夫豈
其果遲哉蓋亦自以其階之所造尚未克臻于純備而閎略之境
欲難驟期于窮神達化也矣是以潮回從之而不舍耳不然者下
學無功而易希上達是欲以蠡測海也又烏足以知夫海之大且
深也哉所以君子于斯日進而不已則亦水之晝夜不息也由勉
而幾安則亦水之漸積而盈也若其久之而至于達天知命則庶
幾如水之會歸有極矣然而難言之矣聖道之大夫豈易幾者哉
正為聖道之大無下手做工夫處故說此節滄海不擇細流以
成深本章無此語說來恰是此節承上關界妙不可言做上截

增補程墨質疑集　孟子　流水之二　景

即注下做下截即抱上從義單出而章法特騐韋有不同處章

亦非一請末段借科字指陳尤無漏義公雲

此題在

先當非兩比則兩截但兩比各關一題簡易于側勝長則冗漫

股中須互有纏帶有精致兩截則上截前須有正意下截後

亦須有喻意不然亦恐割截不相關頭矣或對仗疊發短兵接

淹亦先當變体中正法惟今八竟拈君子志道說入提比不帶

流水說竟似下一句題文誠為失法或將上二句數語点過即

入君子志道而正位中不互喻意則通篇亦祇成下二句題文

矣諸卷後有犯此者不可不知

論題附記

流水之三　景

流水之為　不達　張宣

即水以悟達道之漸，君子宜知所從事矣。蓋欲道之達，必由於章，而不成焉則否，君子盍即水以思悟乎？昔聖人嘗有川上之歎矣，觀晝夜之不舍，識道體之收全，此聖人之自造乎道，故於水有會心也。然聖人以之語道，學者即因之進道，一如聖道之次而有本。如是，則君子有志於道，可以知所從事矣。請仍觀之流水。今夫水固其行焉者也，非其止焉者也，乃當其源則似乎行矣，而不遽行。今夫道固欲其達焉者也，非徒欲其志焉者也，乃方其志也似乎達矣，而不遽達。水何以行？蓋有科焉，就行後以觀，并其科焉泯之而

當其未行○必有科焉限之○其務所以盈之乎○道何以達○蓋有章焉○
就達後而論○并其章焉化之○而當其未達○必有章焉引之○其務所
以成之者頗其盈也○非可立待也○有漸充之功焉○科不能小其量○
以有盈○未嘗不虞其量○以待盈充○而滿則盈之候矣○科之分量
足矣○足於此○而適于彼○不期于循也○而自行○否則犨躐而多阻○且
其成也○非可一驟致也○有漸積之力焉○章不能驟其途○以迫成○未嘗
不躐其途○以待成績○而累焉○則成之機矣○章之蘊蓄厚矣○積于下
而通于上○不期于達也○而自達○不然○則陵節而無序○然則水之消
科其道之有章乎○吾于其盈也○得成者機焉○于其行也○得達者機

發揮盈字
二比千鈞筆力
字字發出
鉤清題面
層層片串
亦見

焉。甚矣流水之爲物有似于道也。吾願志道之君子循々于下學之功。無慕于速化無棄于半途。始之灑掃應對以啟其端本之格物窮理以開其悟。詩書禮樂以叔其氣質。致知力行以究其指歸（二字似複、或易理）則由賢達聖由聖達天自可優游以入神從容而知化矣苟徒浮慕聖道之大欲一蹴臻乎其域而徒抱此願是殆以無本之水而（句帶喻意）妄冀其流行之不滯也。有是理哉。

起從正意遂入喻意。中間將正喻分股。兩兩相形。至末幅串說。以正意作主。此得喻筆正喻夾寫之法而善于變化者也。分股處遂字洗刷。先用逆筆。次用順筆。手法亦極玲瓏。

流水之 張宣

戊午河南

程墨參新編

流水之為物　一節

戊子豫闈作　陸　師　擬墨

以流水喻志道聖以漸而可學也夫章之不成欲達何有盈科後行流水且然矧志道之君子乎且學者立志未有不以聖道為歸也顧聖道大而有本是以精粗上下一以貫之而學聖人者必先定其規模而後從事否則凌節而施吾恐其窮大而失歸也然則學海者其即至於海乎哉是大不然今夫流水之為物也滙為沼沚溢為江河放而至海斯亦極汪洋浩瀚之致矣然此乃流之所佰非所語於流也漸也當其出泉山下發端亦甚微矣漸且涓涓其不息焉漸且汩汩乎其來會焉終乃浩乎其沛然矣由此科

鵠游龍翔然而下

汶汶矣其發

盈科而進

米碧山堂制義　　孟

以逹彼科無越次焉遇坎而止無停機焉既盈而通科之未盈欲
行而不能科之既盈不行而不得也不然以沼沚之微而即思至
海吾見其望洋而返耳如之何其能行然則學聖者其即至於聖
乎哉是又不然令夫君子之志於道也由士而希賢由賢而希聖
由聖而希入斯亦極廣大精微之致矣然此乃志道之所極非所
論於志道之漸也當其植基下學所造亦殊淺矣漸且窮理以致
其知焉漸且力行以踐其實焉久之乃積厚而流光矣由成章而
上達美而可大日進無疆大而能化健行不息章之未成欲達而
不能章之既成層累而上也不然以下士之修而謬希夫聖吾

見其面牆而立耳如之何其能達有志乎聖道者其知之成章後達場中俱作行遠自邇登高自卑講非也聖人不得中行而思狂狷以其斐然成章然後可以裁之以進道聖人論成人有取於智廉勇藝然後可以文之禮樂者自成一個片段而後上達有基成章二字乃入道根基烏可畧過

流水之

流水之為　不達

喬時適

即流水以悟學知聖道之以漸至也夫水必盈科而行則道可知矣有志者可不以成章為急乎今夫學者下至於聖人之道也其志非不甚銳乃往往窮大而失居勤苦而難成此無他未嘗循序以行而雖躐等以進則亦終其身無與於聖人之道已矣如聖道之大而有本章章如是雖然吾為學者慮之使推震于其大而望洋自阻不思克底于有成則以急廢而不達矣是學海而不至于海無異登山而不至于山矣使妄希乎其本而溯洄從之自謂一蹴而可至則以矜躁而不達矣是終身無由及流水之源亦猶終

定譬喻字樣方不是下句文

以正意作去帶映

合喻意

身無由希日月之光矣。然則聖道可無志哉。而志聖道豈易達哉
無已。而仍與借觀流水。夫流水之為物也。沿途而行。苟不止難有
射○正意
遲疾。必至于海。顧其行也。必有止也。其止也。所以行也。不盈科不
二比寔○發○正○意
行。水已有然矣。而告于之志于道。豈異是乎。夫道甚遠。必先有其
寔○中○層次○折○分○寄○級○不○是○一○成○便○了○如○此○講○與○科
從入之途。既登觀其守。繼乃驗其積也。余乃俟其化也。此中之
宇○実○有○與○會貫
層累不可勝窮矣。隨其所至而確然有以自信。則亦隨其所徵而
斐然有以自見。此學者氣機之一變也。章之成也。其水之科乎
縮○喻○意
修途甚賒。必先循其所由之路。既得所守。乃可驗其積也。既得所
積。乃可俟其化也。此中之精進。初無止境矣。由中達外。而充然有

自得之休則亦足此通彼而油然有日生之致此固學者功候之

適還也成章而達也其猶水之盈科而行乎小渚之水亦水也一

上截做此處合發

得之成亦成也而莫能量水之所極莫能限學之所至則惟其積

之有漸焉耳不然者越其所歷之序而妄謂前途之可企在流水

鉤定題面

側注正意

不能以是為學壑之趨也而君子何能以是為希聖之功哉潴而

為澤者水之盛也蓄而成德者學之益也而可立見其朝宗之勢

可進觀其神化之能則惟其進之有序焉耳不然者昧其損固之

勢而妄謂梗獲之可矜在流水不能以是為行地之宜也而君子

何能以是著達天之用哉以是知大道之未可廹求也聖域之難

以驟至也。學者泝流而窮源。無異祭川之先河而後。以則其于聖人之道也幾矣。

起從正意逆入喩意。中間將正喩截做。後幅合發。仍歸正意作。本章法變化。寄發正意處。亦甚諦當。

泝水之

喬時適

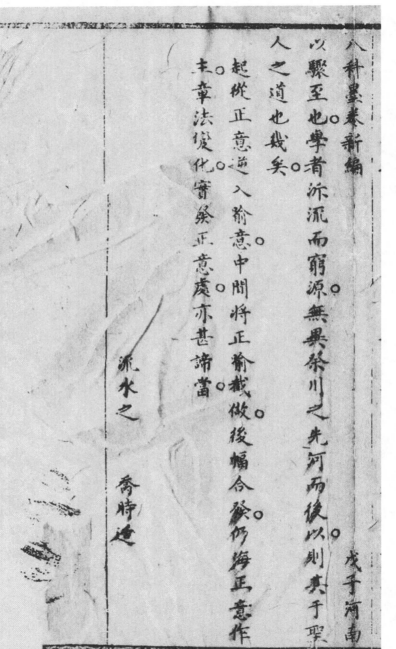

流水之為物　不達

解元　賈甡

聖道以漸而至、君子當以水鑑也、蓋水之流行以科而君子之進

道有卒不成不達可觀流水而益信且道之在聖人也不勉而中

緒分明。

不思而得其從容以詣極者不見其有積累之勞而道之在君子

補出一層極好

也擇善以知固執以行其望聖人而企之者是當循其漸進之序

無此聲響提此承落處自然有理

如謂可一蹴而至者也則不惟升高者不必自下亦且行遠者不

必自邇如謂可銳意以往也則不惟學山者一旦可驟至于山亦

又理清

海者一旦可驟至于海而豈其然哉故以觀水者見聖流悟

收者即分界知分小結句

人道有本即以觀水悟學聖而信入道之有方君子蓋嘗觀流

科墨卷得　　河南　　愛□□選

說孔子身上

求之為物而曉然于求道者之非無其故也昔孔子不嘗自叙所
點求字洗明
學以為求道者立之則乎每十年而後遞進其章何嘗以明也是
以科字代章字□□于以見□以者聰明
故未盈志學之科而于立也則不逮矣未盈不惑之科而于知命
則不逮矣未盈耳順之科而于從心不踰則不逮矣即吾不嘗檢
現身說法一一子蓋以君子自命也
察其旨以勒其道者立之極乎有一得未可自安其章可歷歷
以行字達字
數也是故不止善信之章而于充實則不行矣不成光輝之章而
于大而能化之聖則不行矣不成化之章而于聖不可知之神
不可半途
則不行矣忽發憤所以觀成故君子務時敏焉不敢以廢于半途
以□發吳□之也研為必不得非深□也
者自淑其希聖希天之願□心不可以入微故君子務漸臻焉□行

不可躐等而進○英至○○○隆○興○小○生○應○舉○[illegible]
故以躐等而進者自絫其博文約禮之功今夫晝夜無間盈科後進
[illegible]之奇妙○倍增流水作○結構從容周到○鄭重安詳○布傳○脫胎○○○○○
使必放乎海者水固無日不盈其序以示人于當前也而綴其處
者蓋寡又何惑乎日學聖人而終不至于聖人耶
不顧題之神理一味武斷自以為力量大不知惟力量不足
者方借此以掩其拙也力量大者提其頭緒清還條理變化自
我水到渠成似不拘拘死法而究之無一句一字不神明于法
之中此為擘元妙訣有志者必先滌塵俗洗心地闢刪而讀稿
一毫時自有一種真靈之氣繞指而出徒事攀摹無益也[illegible]
中州風氣最正最勝

十科墨卷衡　[illegible]平河南

浸潤之譖　下半節　王步青

與鶩遠者言遠惟不蔽於近而已夫既曰明矣則豈有遠近之別哉而張必不謂爾也乎故探其意而仍以譖愬之不行者當之以世故觀人情所蓄而吾心與物變相推遂於無窮者立窮之術也別於有方者無方之鑒也有如譖愬之不行雖微予言予豈不謂之明哉而特以予問明之心必將謂窮域外之觀莫爲我囿而吾以譖愬當之何淵也擴如神之識世罕能知而吾以譖愬之不盡之何隘也夫然而予非問明也問遠也不知遠近何常之有遠於百世之後而因革可知莫近於耳目之前而情爲隹測明

王漢階時文　五九

此者不言遠而遠自在人心矣。遠近又何間之有。人惟方寸者。因之馳想於紛紜。苟其所見者遠。恐自審端於目睫。明乎此者。與言遠而遠仍無異術矣。今于試更思之。極天下之譖而至於。潤極天下之愬以至於膚受。極譖愬之交至。而卒盡不行。其在譖愬之人。自謂不遺餘境矣。無何而已瞭然若失也。旁觀之神[illegible]。而罔知其處。當是時也。人自莫之覺也。重則嚴正而為幼之詩張。有自歎其淺焉已耳。其在受譖受愬之人。亦謂無可藏身矣。無[illegible]。而後廓乎與偕也。向敵之照無事而名若其天。當斯際也。物自莫之攖也。脫孤遇而而無故之驚疑。詆自形其禍焉已耳。以鑒物之

○妙○

○只○細○見○不○行○

○不○行○之○又○是○而○是○旁○自○見○

○難○亦○而○見○正○而○

○執○旁○面○見○正○而○貴○覺○然○甚○遠○

更好

微及似藏於忽物夫忽物而何以為繫物之府也謂可得而窺尋耶以先覺之靈又似潛寄顯物體物而何以有先物之覺也豈其別有神明耶乃知天下惟至近者為至遠之所隔吾情識之蔽融而當幾之已微則更無有隔焉者矣亦惟至遠者即至近之所援吾靜觀於其表而洞悉乎其中則更無可援焉者矣不然介而求諸遠不可謂遠抑豈可謂明哉是故君子必居敬以清好惡之原而格物以窮情理之變也

每於旁見側出含毫渺然雅不欲與題相迫而題中意象故谿然開明此境可望不可即　荆南華

問明及遠。遠字不在子張意中。鈎勒畫然。下面發不蔽於邊遠。其意境亦最善於用遠也。洲翔

浸潤之譖　二段

浙江張撫臺會考　李永祺
正誼書院一名

譖愬不得行惟其明之遠也夫人行其譖愬于我欲我行其譖愬于人也而能不行焉可不謂明之遠者乎今夫固昧者非人之所愬也洵世有哲人而人之蒙之者益巧矣術數變而愈工勢日進而不已苟非素有知言之學安能見其始即微其終使我識常伸于萬物之上而不為其所蒙哉故夫所謂明者必其周知天下之情偽而不

原評筆輕為佳

蔽于近者也人于是深長其明矣謂彼既明惟周之以非道彼誠明必欺之以其方人于是不長其明矣謂心即明可揜其耳之聰心難

古題亦不苟

明必不敵口之利因中以不及覺而有譖之則若江海之浸膏澤之

潤者然且使之不服誶而有怨則若齊之既剝受之不報者然若
（俟言其幼行）
此者固異我之行也用誶怨者不必一人此專工誶彼專工怨道不
相謀也所誶怨者亦不必一人于此用誶于彼用怨合有當也乘
者衆則辨者雜不明者必行矣用誶怨者或即一人既善為誶又善
為怨其物展轉也所誶怨者亦或即一人始也誶之繼復怨之其故
（警想遠字忽云上一筆）
莫解也入愈根則攻愈力縱所者或行矣而覺不行焉誶有意而聽
以無心觀遁真而匿焉故奚則誠可謂明也已矣抑豈徒明而已哉
（純以從明而動出遠無方不況作曲筆）
誶與怨如此而不行則計方旋而不用針一念豈復用乎浸術一試
而不效易一時猶可試乎知明之已獨其妙也故不行者非徒恃我

極言未行之一[illegible]

總讒愬而不行且能使讒愬自沮而不行則清明在躬無應遠其致之矣然就偶進焉不聽移時或旋聽焉故言一按而不入與日或更投焉謂明之終不勝邪也乃不行者正不必多口之息而後不行固無妨多口之增焉仍不行則既明凡皆真能組遠勿爲參所謂遠也已矣淪乎其明之不蔽于近也蓋物來爭而謂明之譖不遠者故觀明者必觀之譖愬之時也然物既至而求明之誰能遠者則求明者又豈徒求之譖愬之時哉甚矣必先窮理而後能知言也

細密有家法不似他人混提明遠而後半遺畧也 原評

從明勘出遠來正是將遠字攝入明字内兩層妥帖極融洽極分

直省考卷篋中集

明而彀渊肩受法以殺紋鏡亦毫不費手真作家文字

論語

淩潤之　選

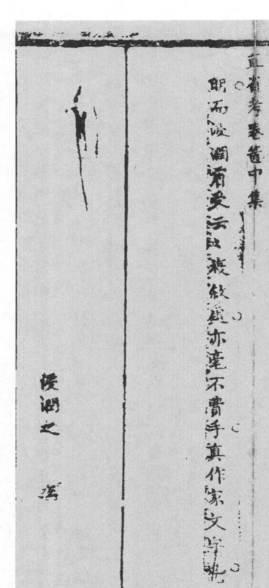

浸潤之譖　已矣（論語）　周振采

浸潤之譖　已矣

江蘇鄧宗師科考　周振采

淮安府學一名

與務遠者言明，而申論其不行之難，爲譖與愬之不行，于張[illegible]視以爲易，不知其事則近，其明則遠也。故夫子申言之，意謂天下

原批：問明敢題，望是謂射，八射爲手段。

之求明者，吾知之矣。亦曰智周萬物，舉天下之大，無有遁吾之覽察者，而不在尋常日用間也。夫索之于天下，而失之于目前，求明

冥機發天光。

者亦安事此不急之務？且吾固未見境有遐邇，而明亦有廣狹者也。然則子毋易視此不行爲也。酬酢之衆，而以其身御之，可以放

原批：理明即邃，道理了然。

之四海，亦可以斂之几席。情僞之餘，而以其識定之，通乎萬類，而

透徹。

惟恐不足，則窮乎一物，而難以有餘。子試思不行之譖何如哉？蓋

非疏畧之譖而浸潤之譖也彼以浸潤來即明明挾一必行之勢
而毅然有所不搖此其明必非沾沾逆億者也子試思不行之愬
何如者蓋非淺嘗之愬而膚受之愬也彼以膚受來即明明揆一（俗是第二段神妙）
必行之權而斷然有所不惑此其明必非營營鈎致者也夫何以
不蔽于近知是而得不謂之遠乎心不入乎物情之中者不足以
達其變想為譸為愬之始曲折既已數周則其人鋒巧而而其情
乃在邇不可知之域揆之以近也而不啻遠也明者有以入乎物（原此遠字奏往反面覆出）
情之中而其情乃非曲折之所能遁則天下固無微有遯不可知
之數矣而意量固已遠洞一心不疑乎物情之上者不足以悉其蘊

想其爲譖爲愬之術微處誠不可窺乃其幾既已當前則其情自在吾先覺坐照之際（勘得照）投之以遠也而正不必如逐之遠也（得）明者有以鑒乎物情之上而其情乃非微曖之所能藏則天下罔莫不在吾先覺坐照之中矣而規模固已遠矣夫如衣明于遠其近者未必明也而遠者亦復可疑何也天下共此是非得失未有燭照于貌言之所接而顧瞀然于形聲之所隔者（原此題字初讀一字不可瑕）所以才智之士鈎深索隱而反累其才智之用（須門鈎）若夫求明于近其近者既已明也而遠者即此而準何也天下共此世情物理未有邇之不泄爲瞭悟之所界而遠之不忘始爲瞭晳之所矜者所以見在之依斷無庸紛紜

馳騖而爲出位之思蓋有近有遠者境之殊也而即近即遠者明之一也予其毋忽此不行焉可也

其心孤詣矯厲無前允稱傑作　原評

遠只是明之盡處非明之外別有遠也既明所添出遠字正以務外好高者求明于遠反疎于近故特指點于張使反求耳肴題則爍電舒虹運筆則抽絲剝繭是理家正法眼藏

浸潤之譖

葉秉敬

觀明於譖而舉其譖之巧者焉夫譖之來巧者猶易察也彼有浸潤者非天下之至明其孰能知為譖哉夫子以明示子張也意曰所貴乎明者何也謂其能洞燭人情而不以偏聽生奸也蓋吾之聽易偏而人之情難灼子不見夫譖人者乎彼君子以直道待人則雖加之以譽言猶以為背于公是之理矣而世乃有以譖為得計者君子以隱忍為公則雖形之為毀言猶以為不出于公非之口矣而世乃有以浸潤為譖者彼蓋曰譖人而數為之言則聽者生疑我譖人而使人疑我則我非特不得以行其譖且使彼譖者得以讐我而從我也

深於計矣於是惡事以密成而陰為之論其經思語以泄敗而陽為之掩其情恐聽者之察其情於言也故婉其詞而無忿言恐聽者之察於色也故平其氣而無怒氣有積怨之心而假於無怨者以自羞有若甚介意而因感偶言者本一人之言而借夫公論者以自托有若事不順已而據理直言者就今日言之姑未竟其說也待他日有可乘之隙而復言之就此事言之姑僅露其端也待他事有可刺之媒而復言之其或見我方素悅之而思以離我之歡也則詭為反間之言從容而矯為使我猜疑之心漸生而眷顧之情頓絕其或見我方不悅之而思以甚我之怒也則詭為真恭之言從容而

所排爲使我忿懥之心日益而猶豫之念不生彼蓋以有心之譖故爲無心之狀而又乘我不意之時入以無意之言殆不徒亂其聽而且能漸染其心矣此所謂浸潤之譖者果札可以繩而法可以糾者哉苟非至明且墮其術中而不自覺矣

摸寫人情多刺骨之語　王逸季

小講上下八股起比實次引出影面推原題意一段隨用事以以成四語領起以下八比俱跟此詳言之逐步推深毫無剩義後復以四語束住與領處相呼應末用反筆落下層次相引首尾一線布置之妙巧法兼至至其摹寫情事委曲深刻更得韓非子之

坤適李蕃氏曰

浸潤之譖

康熙戊辰 劉以貴

若無譖者乃工於譖者也蓋譖而令人即知之譖不工矣彼浸潤者豈有譖之迹與且操鑒物之識而但聞忠厚之論旁鮮傾軋之徒雖愚者何畏乎巧言也惟天下多無故而思中人者其機密其神假足使聽者日移於不及覺即一術之相嘗不亦有微而善入者乎張令問明夫明者急於辨是非也審賢邪也然是失其真非爽其實有從旁而蔽我者矣賢從其黨邪緣其仇有臆憑而眩我者矣是譖也譖若是其遂工乎未也彼譖人者必譖人之所常變者也奪其所常愛而與之以不變則其情也逆逆則不可以淺而

起尚兩句儱侗

此使移不得兩句

起使切譖不可移作想

原評譖字一頓之字乃出

曲透出譖所以

（用浸潤之款）試之淺而試之入者半不入者半半入之譏而施之常變之人幾何其不有餘愛也夫物之得其全者莫若浸望之而形與俱冥即之而性與俱融何其深也而譖之深者猶是矣（剔盡浸字切）彼譖人者必譖人之所素敬者也去其所素敬而與之以不敬則其勢也阻阻則不可以急而投之急而投之中其外不中其內而從之謗而加之素敬之人幾何其不有餘敬也夫物之漬其內者莫如潤不見其益日有所滋不覺其受時有所化何其漸也而譖之漸者猶是矣（剔盡潤字更切）得乎浸潤之與於是事出於功則必摘其過之顯者以分之譖其功也事出於過則反舉其功之小者以原之譖其過也（轉入深微）至功過無端

而言笑之間常必有所擬而示之敵則其計精矣所以被譖之人雖其釁未開而先有危痛於隱微者知爲萋菲之文焉爾極乎浸潤之致於是微爲毀之而必匿其所言之迹毀固譖也陽爲譽之而因以動吾所忌之端譽亦譖也逮毀譽不形而日用之間常必有所借而觸之怒則其心苦矣所以譖成之日雖其事易明而有不忍致白於君父者知非朝夕之故焉爾誰適與謀傷其設辭之詭秘亦已太甚矣其用意之堅深是譖之最工者也而世之不入於浸潤者幾人哉

（語語刻酷）

杜元凱春秋傳序云優而柔之使自求之饜而飫之使自趨之

小題文範

若江海之浸。膏澤之潤。渙然冰釋。怡然理順。中二股文字借其意翻出。雖出大士先生手。其刻畫雋快。夫何以過。何義門

逆探行字。以抉摘浸潤。題無遁情。深刻似韓非。不止在襲用說難。

浸潤之

浸潤之譖　　劉以貴

若無〻者乃工於譖者也蓋譖而令人知之譖不工矣彼欣潤者豈有譖之迹與且操蓄物之識而但聞忠厚之論旁鮮傾軋之徒雖愚者何畏乎均言也（何此轄不得兩句）雖天下多無故而思中人者其機忿其神暇足使聽者日移于不及覺即一術之相習不亦有徵而善入者乎且張令（所謂眼裏頭識得真偽提句使不移惡字）問非夫明者思于辨是非也審發邪也一坐是矣夫其真非與其寔有從而驗我者矣登從其薰邪緣其仇有隱慝而眩我者矣是譖也譖（譖字一）者是其譖工乎未也彼譖人者必譖人之所常愛者也奪其所常愛（痛切警人）（內更門人行而我疑之則是素寔疏者愛狎累則易淺意）人之以不愛則其情也淺之則不可以淺而試之撈而試之入者

本朝房行書鈔雅集　論語

入者半之人之譽而稱之當愛之人幾何其不有餘愛也夫物

得其全者莫若毀譽之而形與俱冥即之而此與俱融何其深也（愛○字○妙○切）

言之榮辱繫矣彼譽人者必譽人之所素喜者也去其所素歡

而與之以不前之其歡也則不可以急而務之急而務之中其

外不中其內而從之謗而加之素歡之人幾何其不有餘歡也夫物

之潰其內者莫如潤不見其益日有所滋不覺其多持有所化何其（潤○字○妙）

漸也而譖之漸者猶是矣得乎浸潤之與于是事出于功則必摘其

過之負者以分之譖其功也事出于過則反舉其功之小者以原之

譖其過也至功過無端而言笑之間常必有所擬而示之歡則其計

精矣。所以被譖之人心雖其業未開而先有危痛于隱微者知為萋菲之久焉爾極乎浸潤之致于是微為毀之而必匿其所言之迹毀固譖也陽為譽之而因以動吾所忌之端譽亦譖也遽毀譽不形而日用之閒常必有所借而觸之怒則其心若忘所以譖成之日雖其事易明而有不恐致白于君父者知非朝夕之故焉爾雖適與謀傷其設辭之詭秘太甚疾其用意之深密是譖之最工者也而世之入于浸潤者幾人哉

杜元凱春秋傳序云優而柔之使自求之饜而飫之使自趨之若江海之浸膏澤之潤渙然冰釋怡然理順中二股大字借其意斷

公雖出大士先生手其刻畫焉快夫何以過此賢先生
中不殺只删得談中一覺字一深字徐骨褶髓使人毛悚通體清
欽蓋得之辭非干或病其浸潤分毗愛敬則作者本是浸潤分膚
愛敬不妨〻〻也

浸潤之　劉

○○○宰我問三年 全章 周鍾

動人心之所不安而喪禮始定矣夫短喪非人所不為乃人所不安也宰我以為安聖人重傷于其心矣且聖人立教仁孝為本而喪禮甚大節也人子之于親也其歿也窮窮然如有所求而弗得其葬也皇皇然如有所望而弗至豈有所强而然哉其中蓋有不安者存焉先王緣其心之不安而究之為制乃始斷然于三年之喪而無短非能必天下之為人人為孝子也亦非能必天下之人其哭泣之節但[illegible]之儀與裂水歠漿以及括髮苴杖之制盡如其教也乃先王創焉而不以為異後世冒焉而以為固然亦曰如是安不如是則弗安[illegible]宰我乃偽短喪

一○語○挽○轉○

小○三○年○之○喪○高○古○

摘○出○子○待○題○主○腦○

也○詳原其意○豈不以今之居喪者○徒有其名耳○曷若舜忠君而去之壁
嗟乎○其親安可謂也○夫孝子也○不忘其親也○其味○惕○憂○慕之情○蓋盡○竭
焉○而至于三年之內焉○尤戚○無哀戚而無與為文○痛極者乎○以為節○焉
○待○不○設○為○哭○泣○之○節○相○痛○之○儀○與○人○嘗○水○飲○漿○擗○踊○苴○杖○之○制○若○以○為
○吾○所○有○大○不○安○于○中○而○不○能○不○忘○于○此○也○至○于○所○以○不○安○之○故○則○有○非
禮○制○之○所○能○詳○而○三○年○之○所○能○盡○者○蓋○形○跡○去○其○儀○文○而○斷○之○于○期○則
其○心○安○可○測○也○夫○不○居○喪○則○不○服○縗○冠○麻○飲○粥○食○蔬○不○服○絰○冠○麻○飲○粥
食○旨○則○其○勢○必○至○于○衣○文○繡○盛○華○采○嘗○酒○音○觀○吹○笙○鼓○樂○無○所○不○極○吾
則○亦○有○傷○于○其○心○之○安○矣○安○者○以○處○心○積○慮○而○為○害○如○是○父○書○而○悲○嗚

既棲棲而悲焉其心之不安則至痛存焉耳至于廢心積慮而為安君
古章
子以為有死其親之心矣則且與畧天性之戚而姑害報施之際夫三
年之喪亦同以答三年之愛云爾夫父母之撫我畜我長我育我顧我
復我其愛蓋止于三年先王緣情定禮酌其中而可久者斷之以三年
痛切甚人子不可不三復斯言
以父子之天性而所然有報施之跡已非仁人所忍言況欲并其三年
而短之也夫予豈是而傷然有大德矣以為其說不止後世必有竊而
為不之者責不傍賤以日易月皆其流之所必至也乃皆民責之而復
婉曲以動其至性一則曰安則為之再則曰安則為之使其心必出乎
不安而後止而更反覆流連于父母三年之愛以發其仁人孝子之思

而後知三年之喪若天則焉而不以為與後世習焉而以為固然則豈非出于其心之所甚安所為仁天下之大端而不可忽者哉記者于宰我經喪之論必詳志之以見聖人之于喪禮如此其重也

忽然從前百丈海廻瀾之勢

只挈定一安字忽縱忽擒自何而止如烟雲繚繞萬轉千迴而與題之曲折相赴真古文之雄也　錢青臣

宰我問三年　全章　　劉巘

喪所以安心之所不安仁人之不忍于親也夫惟心不安而後三年之制起乎也而安則仁人無如予何矣且仁人孝子之于其親其心無終極而存也而報施之道豈所以加于父母之間乎然人子不忍死其親先王求所以安之而不得也不得已而即親之所以生予者使子致其死禮以報親故三年喪所以憐孝子而懲仁人也予也獨倒入非父母之所生乎而欲廢三年喪也夫予以三年喪為生于心之所不敢乎抑生于心之所不安乎如生于心之不敢也則夫袒括之儀衰絰之服水漿之節不敢以不從而至于哭踊之哀雖迫之而為[illegible]

從末節起論極發明蒙發范氏之說

者乎若荒若喪之貌雖强之而為容者乎如疑如慕之意誰從之而為狀者乎悲夫此真仁人大不忍之心而孺子初離乎父母之懷而三年之喪之所不為久焉者乎且天下事苟不緣乎人情所最不安之處則雖以聖人之法亦不能强天下後世之必從然試進孝子以聲以色以味以安居而人子必[illegible]然傷心而不忍故先王曰三年喪天下之所難行也吾何所恃而必行乎吾恃夫人子有怙恃之恩有劬勞之痛有終身之慕有一體之情曰嗟乎人誰無三年之愛于父母乎親三年育子于生子一歲而忘親于死以一而酬三亦尋常報稱之情所大不安者也而况仁人孝子諸父母而獨安乎今予也而為之

重煩中二節

入末節

跌進一步以答發之

設有為予勸者曰女壯矣父以而既亡矣女豈猶如襁褓時曷乃然猶寄乎襁褓而不能離父母乎請女並廢其期而穀不必待其升火不必待其改而即飫膏粱衣文繡御歌舞處安乎以明女不生于父母之懷而父母絕漠然無愛于女也女安乎使乎也而曰安則真安矣然予也而為朞則予雖大不仁猶然有朞歲之不安矣而若之何

善于自照

曰安也哉禮者序也樂得其中為序悲得其宁亦為序也樂者和也

以礼、樂結綜徹

喜、其節為和哀得其節亦為和也三年喪禮樂之所由興然予也所安之而禮樂不之與予言矣則夫大不仁之責余于予何誅

後面從反求而得其本心巧為攻剔有策士之鋒穎可稱筆舌兩

妙

劉木東集

宰我問

宰我對曰　戰栗

江南鄭宗師歲試
武進縣學五名　莊廷璽

法古更在宜今三代之社制可考也夫魯以相忍為國至哀公而民愈難治矣故宰我述三代社制而於本朝樹木之意特詳云若謂說不衷於古則其言必不經論不準諸今則其辭亦寡當況治民事神國家大典事雖殊而理則一未有民情不帖而神歆其祀上下相安者也公今以社為問將慨然有振興之意臣敢不奏其說在昔夏后氏隨山刊木九土用平社制肇起稽其所樹厥惟以松亦越殷人斬伐除櫱九有是奄社制乃變稽其所樹厥惟以栢夫法不能久而無弊制不能久而不更物感而衆時極而轉固其所也洎及我周監於

詢義簡括

起手牽入

古文入官

成憲懸而朝之利害而獨創其規畧之人情樹一代之風聲而獨布
（亦異人之所有之蘊）
其利周社具在厥惟以栗夫其以栗者何也蓋當夏殷全盛之日其
（心而氣韻逾別）
風俗醇古其人心樂易是以成民致力神人以和無有桀驁不馴者
（古節古書）
出乎其間至於季世亦稍凌夷衰微矣頑者梗化強者抗禮我周起
（錯落）
而整飭之群不逞之徒乃始怗然知畏書曰天下曷敢有越厥志詩
（通古）（妙於安頓）
曰薄言震之莫不震疊蓋言戰栗也臣嘗考之載籍參以傳聞而知
先王立法之始即一社中意至深遠同使民戰栗云履后土而神悚
不必加以斧鉞而咸凜刑咸望喬木而心驚無俟祀以戎行而共欽
（如欲自供者正自田殘得妙）（波瀾極縱宕）
邦典此非臣之飾說也亦非周之過爲嚴酷也特夏殷時其民無煩

以此相示耳今宗邦積弱久矣斯民易與為非而難與圖治公誠有（應得）

慨然振興之意則祖孫同氣非迂遠而闊於事情衰弊有餘可十反

措語遡殷

而至於大道戰栗之義宜仿而行之何必遠追夏殷也

以疎勝密以淡勝濃亦循東亦泥體體源蓋在廬陵子固之間

原評

高視闊步魄力雄偉斑然古色非近代之器

宰我對 莊

容光必照焉

浙江汪宗師科試
歸安縣學二名　汪郊

即所照以覩日月知明之有本矣夫有遺照者非本也若日月則容光必照焉非有本而能然乎昔孔子至德之光上曜千古下昭來許固與日月爭光者也然其用之輝赫由於體之光明固非無本者所能與於斯也五足以思日月有明之說矣大日為陽精其體明也而其用則為光今夫月為陰精其體明也而其用則亦為光矣蓋嘗仰觀于天文而見雲漢雖昭回也何如日出之光明星雖有爛也何如月出之光推而廣之殆容光必照焉燈火之光所照不過一室何也其明有限也若日月之明何限乎故極其量自昭宣之無不遍月照之光

所照不過當前何則其明亦有竊而若日月之明又何窮乎故推其渾包總攝之無不周其為月之光則少陽內陰而為精其約月之光則少陰內陽而為魄乃精魄不同而所照自同焉生於東而萬里同昬生於西而萬里可紀詎見其旁燭無疆而已矣其為日之光則備夫川岳恆處其盈其為日之光則經天月亦有時或虧乃盈虧有異而所照無異焉行於晝而萬物皆覩行於夜而萬物皆臨亦見其下土是冒而已矣蓋以桑昧谷固為以人必經之地而山脈海澨亦無精華不到之區故無地不彰而坐井以觀者咸覩升恆之曜無微不入而以管相窺者本瞻後旦之華則其光之所照何如而不可以知

明之有本乎。此固可與觀瀾者同得聖道之本矣。

異光燭目　聖幽敘

容光必照焉

浙江師學院歲入嘉善二十名 蔡　瑩

光之無不照也而知日月之本矣夫光者明之流也觀容光之必照而日月之本不可曉然乎且聖人光華四達凡遊聖人之宇者均在照臨之下也顧其光之所觸者遠本于德之所蘊者深而尼

句法斬本伊尼日月來

折入有本

山之日月當非無自而空懸於終古間也吾以觀孔子者觀日月而日月其有明乎其明也即其本也不積之厚者光自流發之遠

頓句緊健□字照字精湛

者物自照夫一發而即盡者是為末光也末光如嚼火令人早薄乎其原此偶照而非普照蓋在明滅之間也抑倏形而微竟者是為浮光也浮光亦燎遠第難相尋乎其本此旁照而有遺照蓋在

隱現之交也是均非所論有明之日月也則試於容光之處觀之
益其本乾坤之元而為陰陽之[illegible]故旋運乎太極而千呈之紫晦
道理極大極精是所以必照之
汲
自消亦得從順之粹而為晝夜之精故推遷于太虛而一隙之纖
旋則容宇一意明確
翳莫蔽則容光之處何如哉容以廓之其宇也必寔有所以納之
者而後翕然容之而無所拒日月之光何所拒乎餘乎其外即寤
蒙神境
乎其中而一躍其丸即達然其隙而芒乎易乎之境圓入之深
而無光之不聚也愈微窮即會倏晌指一隅以極周天夫亦可想
見乎沭日浴月之華矣容以擴乎其居也必寔有所以乘之者而
後益然容之而無所闕日月之光何所闕乎周乎無外即入乎無

內而一呈其象即喨披其間而參芳廓芳之處固昭之繚而無

光之不射光愈彰闇即愈華耀燦有涯以該無涯夫亦可以情然

乎日升月恆之天矣雖曰陰霾滂蝕在日月亦有偶不克照之時

折理為言未能快人

然而掩之極深則燭之而遠其入于其照者自必縱乎其照而亙

古固無長留之光華即曰窮次窮紀在日月亦有勢不及照之處

然而剝之彌沉則復之彌曜其貞于天照者自必普乎其照而萬

古從無不耀之畢宙容光必照向非日月之明而曷克致此哉知

自以為知孔子矣

鎔鑄經籍淘汰慧府偉詞自鍊健筆獨扛胸紛行

明為日月之本、寫光字照字。俱從明字生出。却能處處就本題

議。不脫有明。亦不粘滯明

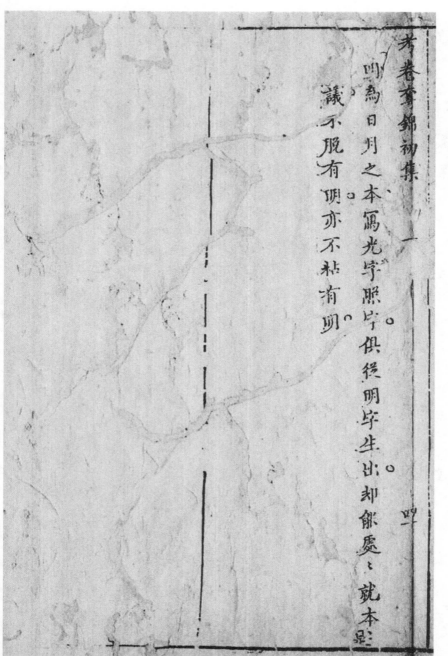

容光必照焉　蔡以臺

照及于容焉是明之有本也夫容光之為地微矣而所照亦足見明有本耶昔孔子身未顯于當時而道照微乎老切以遠有耀者也作人光而莫窮所際即見衆至明而焜燿無形故觀天象之無微不徹聖道之有本益足思矣日月則其所照豈易量哉明者光之聚也日于東月生于西而凡在天之下者莫遁其昭朗之所燭焉者明之分也日月往日来重光繼而凡在地之上者又孰逃澄徹之所然此特其廓之十分者耳要非所論于容光也光固難測者也

罅漏之可通□土一小矣，地小無可容大，况明之至大者乎。光無涯者也，僅孔竅之可入，則隙已微矣，隙微無可□廣，洪明之至廣者乎。然而照矣，夫容光之所受幾何，若將距天下之物于所□外，而本登明以臨照，則距者若出而相迎，蓋容光本虛地耳。來虛而距之，無不距也，灼灼焉光所射無不承，已然而必□。矣。光之蘊無多，□□下之物于所容之中，而本重明，□則容若轉而相□，蓋容光亦一間耳，乘間而□，□□可抵也。光□□□□無不照□上，故天下容光之處尚

氣健性□文□又調□□□□□□□□

矣。□叔既升，不以地□而弗照，□□□而照，不以處隘而世

厚重質直，鬱與爭非故第一轉移之間，而即可爲阜成謨茂之俗。若夫朝歌妹土之鄉，食地利而不知勤，既鮮憂勞稼穡之意，習遲

（字二點切）

風而不知敞復，少當興廉耻之思，其難於圖治也久矣。況夫通商

專農桑，致遊羅再復，而源泉左右，方且歌相鼠以刺無儀，矯其奧

（二字）

而更張之，味騁北興吉康，匪朝夕之故也，而可不勉與？且夫衛殷

（未非人所多）

歸也，殷然王之厚民也，制邑度地，其寧於司空者，既有以盡夫塞

（發小典切非成講）

燠燥濕之宜矣，而由恆產退以恆心，在鄉學則有上齒上功之典

（富有）

在國學則有俊士造士之升，士不瀆而民不游，故其民可動可靜

而不可漁也。以數求爲保，又非賢君相之責哉？抑衛媚宇也，周先

道稽旁行書者章　論語下三十

此有此段佐乃據所明察而不可　君　觀與呉文

王之圖治也保息滋聚其藏在司徒者既有以均夫邦國都鄙之

也

利矣而由為農謝以為士教之中則有五禮以防偽教之和則有

六樂以聯情九職順而三物興故其民可文可弱而不可去也以

書○禮○樂○外

給間為祇適非賢子孫之事哉稽三語以綏猷用康不遠監三風

而作又誕保無雜子孟於衛有學云

雄博高邁劉維川稿中文字○或謂切衛立論其音近偏不無

此假商確從月擊其廉生來切衛是正理不是旁門

殿會庵

退而不能遠　　過洛

不善而不能遠焉究非能退者也夫不善不遠勢將不能退矣用惡者當如是耶且所貴乎仁人者為其能惡人而放流之不已且屏之遠方也若乃不欲近之而又不忍屏之則包容姑息而小人且有隙以乘我烏在其為不親小人也耶如不善不退吾固惜其徒見也則退烏容已也退以懲夫既往可使僉壬無妨賢之慮退以警夫將來可使宵小無病國之憂然則退誠急哉雖然不可以不遠也小人之伺朝廷也最巧當敗行之流竄退之亦復何辭然（章惇呂惠卿所以後用）苟不極夫斥絶之嚴則將處散地以希進用者有矣而妨賢之害

雖去而仍留朝廷之待小人也易疎方德尤之昭著退之亦復何疑然苟不嚴夫放廢之條則將緣他途以與儌倖者有矣而病國之患雖往而仍在甚矣退而不遠恐其不終退也而若之何其不能也（斥、出、而、不、條、）（二比警）蓋凡僉壬之事主也其平日之諂諛逢迎每足以結君上之歡屬在中主未有不親之者也即一旦罪戾莫掩奪其權位而親之之念未嘗或釋又況乎不善者之工於彌縫復示君以可原之情形也（斥以下○能○不○舊○根○由）抑宵小之結主也其平日之智謀權術恒足以邀人君之知即在英主亦往往其相合也（神宗且○用王介卿）縱一旦公論難容暫離左右而相合之意未嘗偶忘又況乎不善者之望風承旨復動君以可矜之意態也則方且暫為屈抑聊以塞翕庭之口則方且曲示優容猥不能素王面云開自新之路則方且寄之下僚欲徐收夫將來之用則方且之散秩謂不沒其服事之勞如是而雖欲遠也亦烏乎能哉要之况不能又還然遠處際不能愈醒人主明以察幾者又俾以致決而後小人無計可以進身不然則不能也且疾惡必嚴者又去惡必盡而後小人無地可以托足不然則不能也嗚呼鄙夫誤國千古同慨庸主蔽私禍流無極是誰之過與

寫所以不能遠之故描畫體貼曲折殆盡 原批

此題首退字分明層波水对下面頓能遠有力

退而不能遠

浙江實宗師歲試
湖州府學一名 嚴師孔

於不善而不能遠非真能退者也蓋退則必遠仁人之所以能惡也而何以亦不能耶以視舉善而不能先也將無同大學謂天下之真能惡不善者必其真能遠不善者也其始也以能惡而能遠其後也還以能遠成其能惡故仁人不見不善則已既見不善則能退矣而即有所以善其退者善其退當奈何曰遠之而已矣放流之也迸之不與同中國也如是者謂之能遠如是者即謂之能惡故當其未退也其驩亦聚於堯階務之不驟而天下不以為殫若其既退也投畀直窮之有北絕之甚嚴而天下不以為刻易曰

二比正說退字而推鑿寫出不能遠自相包絡史中藻采得其要領

泉推闡神韵以談經史

浙江科考卷清音　李庸

君子維有鮮有乎於小人非徒善其退也良善其能遠也奈之何

引經作証古淡　醒勝字

而竟有不能者吾想其初或因其小忠小信誤信為君子之徒或

挽是權一提直說

取其一智一能可以濟國家之用洎至為其所中而思所以退之

退之良是也乃權巳為所牽制而勢遂不免游移欲不退恐終售

其欺欲遽遠又慮激之變直不得巳而為是忍莫能捨也譬少鄉

柄權以防跋扈而留為異日之緩圖者有之矣吾想其人或以誼

關戚屬而倖天子之不為少恩或以人與舊勳而恃大臣之不加

峻法至於必不可容而誅所以退之退之巳晚也乃舉世共知其

奸而朝廷猶薄其譴欲不退而覆餗之臣無以塞人望欲竟遠而

○於世情者如此剛雅到一句直可一比讀

入○力快不能淡○發得淋漓[illegible]愈[illegible]愈

多欲之主無以便已私遂遲之久而猶然戚不足戀也若曲示姑

此○處○妙○于○蘊○藉○自○不○倚○侵○

容以存國体而徐觀其人之後效者又然矣不知恬退非其情也

而君復以不遠者處之必有覬覦僥倖之謀勇退非其識也而苦

內○裡○中○俱○一○層○深○一層○[illegible]

復以不遠者容之豈無聲氣黨援之助則其人雖退而為[illegible]未絕

字○極○見○斟○酌○

其計將思中於退我之人而因得反行其間其人雖退而使得復

進其禍必更甚於未退之日而或至空人之國如是以為退亦猶

繳○上○文○便○不○能○二○字○真○得○十○分○飽○滿○

之不能退而已矣亦猶之不能見而已矣亦世之不知所惡者我

筆意与講配

無望焉耳乃知所惡矣而亦不能如仁人之放流之也迸之不與

同中國也則知惡之源未清而能惡之道有未盡也豈非過欤

一○筆○[illegible]

迥而不能

嚴

筆意清挺有骨驅使故實處絶不呆滯一筆故佳　賈東皐先生

誰不觧運史作骨難其情與往来義無滲漏英挺遒逸洵屬名

下無虚

能惡人　至命也　華嶽蓮

即惡以成愛而不能愛者遠于仁矣夫仁人以惡為愛故能惡自必歸之彼慢于進賢者不即見其不能愛人乎今將驗能事于仁人非徒泥放流之成迹也亦嘗取譖焉而揭其相因之故矣蓋用威之克當即原于用惡不然而登崇之地急忽黍焉吾見天下之訹于不知已者多而伸于知已者亦甚少也能愛必歸仁人誠以仁人之于人非泛愛也有切于愛之先者非徒愛也有廹于愛之後者故一能而無不能而我乃以此放流決之益其疏所惡以[illegible]所愛可謂能愛人者即可謂能惡人者也天下可惡之人恒多

于可愛之人頗有一可愛之人而不先去衆可惡之人則所以審（上）

（神妙○一篇緊一篇）吾愛者猶未精觀于此而仁人能惡之實不足徵於天下可惡之

人無誤信為可愛之人頗有衆可愛之人而不急去一可惡之人

則所以處吾愛者猶未至觀于此而仁人能惡之名不足信於今（逐清深摯）

夫理以反而適還其正愛者仁之所有惡惡之人而怨反其理似（妙搖折）（精思以成愛惡為千載）

相加仁人之心傷矣而亦無傷也但使天下得其所以惡人之理

（通篇曲而能達味美于回）

則吾以反用之而歉然如不足彼即以正用之而綽乎其有餘此（二義對偶）

亦可以為愛人者立之準矣情以變而適得其常愛者仁之常有

可惡之人而執愛其情以相制仁人之心隱矣而亦無隱也但使

天下得吾所以惡人之情則吾以寬用之而委曲有必伸彼即以常用之而殷勤無弗致此亦足以為愛人者作之氣矣柰之何有見賢而不能舉舉而不能先者人未嘗不假託于賢有能惡人者出焉而欲舉者不能舉矣欲先者不能先矣若既實見為賢而顧以不能自誘則忽略之意起也賢未嘗不沮抑于人有能惡人者作焉而不能舉者亦舉矣不能先者亦先矣若既共見為賢而竟以不能自弛則怠惰之氣勝也命也噫彼豈曠觀于放流之紛紛以為古之號稱仁人者不過能惡人焉已耳而所以用吾愛者遂不沒沒乎不知愛人而弗盡乎道者未有惡人而克盡乎道者也

考卷文衡二集　大學　八　能惡人

華

亦止自其心之本仁而已矣

固是以惡為愛須會得此謂語脉縮注貫下純以精意聯結人

實其法之審我服其理之醇　曹谿珊

亟、

能惡人見　所好　陳科捷

歸能於仁、而猶有少齟於辟者焉、夫更能惡乃足成其愛仁、者豈從盧有是見哉、而乞。惡與人殊者何耶、今謂慈祥者多務包荒則奸慝將何所忌。庸闇ㄱ類齊、觀使剛愎自用之流反得顛倒其是非是亦未見仁人作用之周也夫仁人豈特能好人仁人初亦如人之好亦豈有不如人之惡哉為宇宙培植善類則其有害於善類者豈仁人之所苟容為國家愛惜人材、有妨於人材者豈仁人之所輕恕既由衆人之好以知衆人能察則以斧鉞為華袞之衛更因衆人之惡、以衆人

能斷則以誅惡開登進之門此人所以推崇仁人也
仁人亦豈無有人之目存孰知既無仁人之之好人之所賢
不舉也舉之是見可好矣而竟有其不舉者豈復無仁人之惡人
所不善不退也退之是亦見可惡矣而又有其不遠者不能也不
能也過也命也此其好與其惡與人相近者幾希其不仁孰甚而
不知更有甚者娼嫉之人　仁人　而人者無不知
惡乃從焉不作惡而作好　中豈謂刑威不濫不妨從事於優
柔　而所惡之人不惟仁人之所愛也凡爲人者無不共好乃轉
而不用好而用惡此其故豈以法網太疏故欲因時以搏擊此乃

所謂辟也與仁人之能惡、成其愛者大相反矣去仁人亦順乎

性者也

機局緊湊語有筋節

能惡人見

能惡人見　所好　　潘淑旂

用人必視其所惡仁與不仁甚異也夫能惡以成其愛仁人所以繫天下人之好惡也不然則命且過矣甚至好所所惡則必惡所好謂夫能惡也得乎且朝廷之上而好邪必去即賢良必進此用人者不可無疾惡之心也惟心之公者然一人而天下咸以為王而因循不決之弊不得而中之要以其事操干持斷其理協乎群情苟徙狗一己（小講用筆乎文遒）之心將始於一念之多私極於愛憎之相反不可不察也如仁人之（甚得清）能愛人於何決之亦決之於所惡耳今夫邪曲之害公其伺我者至衆也向使一人之惡未極其正將妨賢者必不退妨賢者不退則賢

者必不舉此即有所惡惡非天下人之所惡也即有所惡固有所好於非天下人之所好也乃若仁人之故流且進如此謂之能惡人不信然乎爾矣惡之之本而人不能偷神其惡之之權而人不能間仁人之所惡實鑒天下之人必無以為可好故曰能也若是者仁人之

又良奉句

心微獨以為不善當退之之宜遠故所惡必契也是以退之不善惜

良評即從能出心曲入細而筆有能

賢者可以舉之之可以先故所惡先嚴也而要之知此之人主以遷繞為審慎以兩可為持中以邪正並為奇可安以其用為善於牽制

遊也繼之不免焉特則不能惡人矣過則必苦一不能

說上下截數語

愛人矣然備知好惡也更有者讒邪僕生所為嚴論盈

○○能惡人見賢　所好　○潘淑旂

用人必禍其所惡仁與不仁甚焉也夫能惡以成其愛仁人所以絜天下人之好惡也不然則命且過矣甚至好所惡則必惡所好得謂之能惡乎且奸邪必去即賢良必進用人者其尤尚嫉惡之嚴乎惟黜一人而羣情咸以爲慰故因循不決之弊不得而中之否則始於一念之不斷極于愛憎之相反而徒狥一己之私矣如仁人之能愛人於何決之亦決之於所惡耳今夫邪曲之害公其伺我者至衆也向使一人之惡未極其正將妨賢者必不退妨賢者不退則賢者必不舉此即有所惡恐未快天下人之所惡也即有所惡因有所好恐

截上清

未遂天下人之所好也乃若仁人之放流且迸如此謂之能惡人不信然乎ゝ清其惡之ゝ本而人不能宥沖其惡之ゝ權而人不能阻仁（又映末句）ゝゝ所惡[illegible]諸天下之人必無以為可好故曰能也若是者仁人之（即從能惡側入中節筆有）心做獨以為不善當退ゝ之宜遠故所惡必決也正以退一不善將（化工）賢者可以舉ゝ之可以先故所惡尤嚴也而無如世之人主以遲疑為審慎以兩可為持中以邪正並存為可以苟安以賢奸雜用為善（繞上渡下筆ゝ敏妙）於宰制命也過也往ゝ不免焉過則不能惡人矣過則又命弁不能愛人矣然而ゝ知好惡也更有甚者讒邪悮主而用為股肱言ゝ謗盈（側構最合）廷而引為心膂並於好人之所惡而所惡不可言矣舉ゝ皆推而重

之。謂其有裨人民。乃或效忠而見嫉。何其左也。朝野方敬而愛之。謂其可託社稷。且斥逐之忽加。何其忍也。蓋既舉其所當退而怵矣。不先勢必至退其所當舉。而惟恐不遠其惡。人之所好也。彼以為惡人也。而豈知其大不能惡哉。夫由仁人之惡則賢奸並服。由不仁之惡則善惡皆齊。平天下在於用人。用人先視其所惡。而能惡與不能惡。又揔決於天下之人之心也。此仁不仁之辨。而命與過者。其亦勉于仁而戒其不仁矣。

命題截去愛人。正欲觀作者匠心耳。他文中後仍復好惡平列。則題目何故乃從能惡句起耶。靈心用側穿。獨見經營苦心。[illegible]山

能惡人見　所惡　顧我鈞

惡以遠爲蓋不容誤所好也夫惡人所以成愛也能退而遠何至
通篇總以不善作主不從
不蔽不先哉而奈何有誤用其好者且天下不善之人類能巧避
君身説况故從位不待扣而自諸
人主之惡而曲投人主之好人主當思絕之則善類全容之則賢
路塞溺之則與情皆失望所貴獨伸其柄而不可稍徇其私也仁
從愛字好王好跌人忠字樂善惡別
人同能愛人矣夫愛之與好相似而不同好主於專不容盡好而
愛從其博必無遺愛故仁寧可謂愛乎不知仁人之愛正於能惡
見之也以其營私負國久爲人之所惡非仁人孰與順民情以其
忌才植黨必好人之所惡非仁人孰能懲元惡使人主□能惡若

此則有技者誰復惡之彥聖者誰復違之宜乎能舉能幻賢能
吾落○見○夫○仍○呰○列○不○
善○於○作○主○鎔○鑄○中○節○一○氣○深○成
在位矣而中主往往不能者剡惟不善者制之也蓋一人用必有
一人舍而患失之計莫若沮其登進之途一人重任必有一人顯
斥而懼罪之情莫若閉其腹心之抱其不能舉也不能退故也其
不○吾○作○傳○く○能○而○黃○尾○俱○應
不能先也不能遠故也以過成命豈非不能用惡之咎哉然而不
仍○從
善者當此未嘗然惕然懼也彼自知不善之實君見之矣雖不能
惡亦不甚矣即安知舉者之不終退乎退者之不終遠乎即安知
入告疏
見而不舉舉而不先之中不有陷公論而導君以能惡者乎蓋君
心不好猶未可恃也至於好之而不善者之計得矣人之望君能

惡。欲君為仁人也乃民思屏諸遠方而君反登諸禁近人之

是君不惡者亦止疑其未仁耳乃人謂国之蟊賊而君曰予之爪

牙由是若人忌賢而君好之矣曰此其能惡人者矣若人退賢而

（節○文○通）

進不善而君又好之矣曰此其能惡人以愛人者矣是其視天下

（文○收○拾○不○滴○更○思○補○綴○收○繳○之○法）

之可親而不可退可光而不可遠者未有如若人者也而尚望其

一朝悔悟為仁人之能惡乎哉是以人主之於不善貴絶之勿容

之而況乎溺之是之謂仁是之謂同人情而絜矩

作法精密有目者所共見也要非于數節中血脉腠理沉潛研究過來決不能有此融洽賢淨　張穀士

搶住如訖傾欹頓跌却仍一氣渾成至筆力遒勁饒有西江風味。侯式九

能恶人　顧